Il Sessantotto dei giovani leoni

centro e periferia nel 1968
Il *caso* Lentini
di Sergio Failla

ZeroBook
2016

Questo libro è stato edito da Zerobook: www.zerobook.it.

Prima edizione: dicembre 2016

ebook: ISBN 978-88-6711-069-8

libro: ISBN 978-88-6711-070-4

Tutti i diritti riservati in tutti i Paesi. Questo libro è pubblicato senza scopi di lucro ed esce sotto Creative Commons Licenses. Si fa divieto di riproduzione per fini commerciali. Il testo può essere citato o sviluppato purché sia mantenuto il tipo di licenza, e sia avvertito l'editore o l'autore.

Controllo qualità ZeroBook: se trovi un errore, segnalacelo!

zerobook@girodivite.it

Copertina: Via del Progresso / la salita della Marunnuzza, Lentini ottobre 2016, by Victor Kusak

Il Sessantotto a Lentini

Nota

Pubblichiamo qui la parte riguardante la città di Lentini, della ricerca presentata nell'ambito del convegno internazionale di studi dal titolo "Le radici della crisi. L'Italia dagli anni Sessanta ai Settanta", svoltosi a Bologna il 28-29-30 ottobre 1998, e organizzato dall'Istituto Gramsci Emilia-Romagna in collaborazione con il Dipartimento di discipline storiche dell'Università di Bologna, la John Hopkins University di Bologna, il Centro studi Piero Gobetti di Torino, e l'IMES Istituto meridionale di Storia e Scienze Sociali di Roma . Il testo della ricerca, col titolo "I Sessantotto di Sicilia: linee d'indagine" è stato poi pubblicato negli Annali dell'Istituto Gramsci Emilia Romagna, n 2-3 /98-99, Clueb, Bologna, 2000.

All'interno del convegno questa ricerca è stata l'unica, con nostro stupore, a presentare un primo approccio di studi riguardo il Sessantotto "al di sotto" della linea geografica di Roma. Da questo punto di vista consideriamo che, a distanza di anni, possa costituire ancora una base documentaria per chi volesse approfondire la ricerca.

Per un quadro più ampio si rimanda a *I Sessantotto di Sicilia*, di Pina La Villa e Sergio Failla, pubblicato da ZeroBook nel 2016.

1 ottobre 2016

Il *caso* Lentini

Introduzione

Lentini è un comune della provincia di Siracusa. Non è città universitaria, è posto alla periferia di uno dei tre sistemi universitari siciliani (Catania). Che c'entra allora Lentini con il Sessantotto? All'inizio della nostra ricerca eravamo partiti dall'idea di verificare come un territorio periferico avesse "visto" quello che accadeva "in città" (Catania, le notizie provenienti dal "continente" attraverso i giornali ecc.). I primi risultati dell'indagine ci mostrano una realtà "periferica" molto più complessa di quanto ci si potesse all'inizio aspettare.

A Lentini il gruppo locale dei giovani cattolici della FUCI partecipa alla manifestazione in cui migliaia di braccianti sfilano in silenzio per le vie cittadine all'indomani dei fatti di Avola del 2 dicembre 1968. E' un fatto inusuale, non solo per il silenzio di quel corteo: mai era avvenuto che studenti cattolici, immediatamente identificabili come tali, partecipassero a una manifestazione di braccianti. E' questo un momento indicativo del fermento cattolico che aveva portato i fucini lentinesi ad aderire all'esperienza fiorentina dell'Isolotto di don Enzo Mazzi, mentre uno di essi (Armando Rossitto) ha parte nel consiglio direttivo nazionale FUCI. Lentini e Catania mostrano i fermenti di una nuova generazione di ragazzi e ragazze che rompe con la tradizione della Dc. E' una esperienza di sconfitta (allora) all'interno del mondo cattolico la cui gerarchia già nel 1969 riconduce tutto all'ordine.

Lentini è un caso specifico, ma non è un caso isolato: la storia della provincia nel Sessantotto siciliano ci appare a una prima indagine molto ricca e articolata: Lentini è un percorso, con le lotte bracciantili e la forte presenza del Partito Comunista e il ruolo significativo dei cattolici, ma anche Gela con la sua nuova realtà industriale, campo d'azione dei giovani delle nuove organizzazioni di sinistra venuti a scoprire la classe operaia del sud e da cui proviene in quegli anni uno dei primi documenti di rivendicazione della soggettività femminile [1], e Caltagirone, grosso centro che dovrebbe offrire ai paesi vicini le scuole per una accresciuta domanda di scolarizzazione e che si trova invece alle prese con la carenza strutturale di edifici scolastici [2]. Sono tutti luoghi e spunti emblematici di altri percorsi che noi abbiamo qui voluto limitare al "caso Lentini".

Il territorio di Lentini [3] è interessato negli anni Sessanta da una vivacissima lotta sindacale, che vede i braccianti in prima fila nei movimenti di lotta per l'uguaglianza salariale (contro le "gabbie salariali") e per il miglioramento delle condizioni di lavoro. Nel passaggio dal vecchio al nuovo che questa situazione comporta (il tentativo del PCI non solo di egemonizzare queste battaglie salariali ma soprattutto di far sì che il movimento si politicizzasse su obiettivi di più lungo respiro, porta a Lentini funzionari di alto livello come Otello Marilli, Luigi Boggio e Graziella Vistré) assistiamo ad una profonda divisione ed estraneità fra due culture:

> "Lentini è un paese grosso, con una grande tradizione bracciantile, un'amministrazione di sinistra, comunista, molto importante. La sua società è caratterizzata da una divisione fortissima. O si era nel movimento comunista che era formato quasi esclusivamente da braccianti, con pochissimi intellettuali, oppure si era contro, cioè dall'altra parte. C'era una grande paura di questo movimento bracciantile, in tutti i ceti che non erano bracciantili. Io mi ricordo gli scioperi del novembre del 1966 e quelli del 1968 che poi culminarono con i fatti di Avola. Gli scontri con la polizia erano cose epiche con

---

1 *Femminismo e lotta di classe in Italia (1970-1973)* / a cura di Biancamaria Frabotta. - Roma : Savelli, 1973.

2 *Scuola e sistema mafioso* / Maria Attanasio ; prefazione di Sebastiano Addamo. - Catania : Tringale, 1983.

3 Per "territorio di Lentini" intendiamo qui il cosiddetto "triangolo" rappresentato dai Comuni di Lentini Carlentini e Francofonte. Il territorio, posto ai confini tra la provincia di Siracusa e quella di Catania, è caratterizzato dalla produzione agrumicola in quegli anni molto forte e che faceva di quest'area un'area più ricca, rispetto alle aree circostanti; e con la presenza di una manodopera agricola specializzata.

migliaia di persone che si ammassavano intorno alla stazione ferroviaria dove c'era tutto il centro della produzione agrumicola e questi reparti della polizia, con idranti, autoblindo che si scontravano e normalmente finiva che questi idranti, autoblindo finivano nel fossato, gente ferita, ti dico, scontri veramente..." (Intervista a Saro Mangiameli, luglio 1998).

E' in questo contesto che il Sessantotto lentinese vede la presenza attiva dei giovani cattolici della FUCI. Si tratta di un gruppo di ragazzi e ragazze abbastanza omogeneo, proveniente dalla piccola borghesia non contadina, estranea al bracciantato. Sarà il Sessantotto della "Lettera ad una professoressa", delle scuole estive di quartiere (organizzano un doposcuola per i figli dei braccianti), dell'impegno femminile. I fucini sono una sessantina fra ragazzi e ragazze, tutti studenti pendolari di facoltà umanistiche all'Università di Catania. Aderiscono alle posizioni più avanzate del cattolicesimo post-conciliare, e diventano il punto di riferimento anche per i circoli fucini siciliani.

Situazione economica e sociale

Lentini è il caso di una città a economia prevalentemente agricola - agrumicoltura, con presenza progressivamente marginali di colture di grano e di olivo -, città non universitaria, posta a metà strada tra Siracusa e Catania: la dipendenza amministrava da Siracusa ma una forte tendenza a gravitare verso Catania: per gli acquisti e la frequentazione universitaria. La città si trova al centro di un sistema economico e culturale omogeneo, di cui fanno parte anche le città di Carlentini e Francofonte. Nel 1870 le baronie locali permisero di far passare da Lentini la linea ferroviaria Catania-Siracusa, contribuendo anche in questo modo al mantenimento dello status di città e lo sviluppo del territorio.

Lentini è stata interessata tra gli anni Quaranta e l'inizio degli anni Cinquanta [4] dalla bonifica della palude del Biviere, e dalla lottizzazione di queste terre date (tramite anche la riforma agraria) allo sfruttamento intensivo della piccola proprietà contadina. Gli anni Cinquanta e Sessanta vedono a Lentini (e nel suo territorio) il formarsi di un grosso movimento bracciantile, tendente alla rivendicazioni di migliori condizioni di vita e di lavoro nelle campagne. Il movimento bracciantile permise il radicamento della presenza del Pci nella zona, soprattutto grazie alla presenza della figura di Otello Marilli. Baronia - attraverso le famiglie principali dei Beneventano [5], dei Signorelli e dei San Lio, e dei principi Borghese -, movimento bracciantile (che trovava espressione istituzionale nel Pci e nella Camera del Lavoro, ma non interamente controllato da questi), e ceti professionali che un momento di coagulo ideologico attorno al cattolicesimo e alle correnti della Dc, sono i tre poli attorno cui gravita la vita e lo sviluppo della città nel tempo.

La baronia continua a avere un ruolo sociale e politico forte in città fino alla metà degli anni Cinquanta, soprattutto grazie alla famiglia Beneventano. Dopo, si assiste a un ritrarsi di questa presenza, pur continuando a mantenere queste famiglie consistenti possedimenti (di origini feudali) nel territorio: le famiglie di nobiltà aristocratica mantengono case e possedimenti nel territorio ma vivono la loro vita altrove - a Catania o a Siracusa. In alcuni casi si assiste alla frantumazione dei feudi originari a seguito di divisioni ereditarie; in altri casi il disinteresse per le colture provoca il fenomeno dell'abbandono del feudo (il caso del feudo Cassis, che negli anni del 1968-1969 diventa oggetto di contesa da parte dei lavoratori della Camera del Lavoro di Lentini che lo occupano).

La città è lasciata al bipolarismo dato dai ceti medi-alti professionali e commerciali, e alle espressioni istituzionali del movimento bracciantile e al movimento di coagulo che nasce attorno ai "magazzini" in cui avviene la preparazione delle arance per l'esportazione. Nei "magazzini" si forma un nucleo sostanziale

---

4 Cfr. uno studio fondamentale come: *Agricoltura ricca nel sottosviluppo : storia e mito della Sicilia agrumaria (1860-1950)* / Salvatore Lupo, in: «Archivio storico per la Sicilia orientale», anno 79, n. 1-2, 1983.

5 La famiglia Beneventano ha avuto un ruolo importante nello sviluppo urbano e civile della città di Lentini dalla fine dell'Ottocento. Qualcosa è possibile arguire anche attraverso la ricostruzione dell'archivio di famiglia che solo parzialmente si è salvato dalla dispersione. Cfr. *L'archivio Beneventano in Lentini* / Giuseppe Astuto, Rosario Mangiameli, in: «Archivio storico per la Sicilia orientale», anno 74, 1978, p. 761.

proto-operaio: si tratta di lavoratori che stagionalmente sono assunti dai commercianti di agrumi, e che provvedono alla pulizia (lavaggio), stufaggio e ceratura dei frutti degli aranci, e al confezionamento della cassette. Accanto ai "magazzini" sorgono negli anni Sessanta piccole fabbriche di cassette di arance, e tipografiche (le arance vengono confezionate avvolte in quadratini di carta velina stampata a colori, per presentarle in maniera più gradevole ai mercati del Nord).

Se per la raccolta delle arance e per i lavori necessari ai "giardini" viene utilizzata soprattutto manodopera maschile (raccoglitori, "rimunnaturi" [6], "insettaturi" [7] ecc.), nei magazzini e nella fabbriche viene utilizzata manodopera maschile e femminile. Fino a tutto gli anni Sessanta, viene inoltre qui utilizzata manodopera infantile.

Limitrofa a queste classi, quella degli artigiani - piccoli e medi - mentre gli addetti all'edilizia rimangono attestati attorno a piccole aziende a carattere familiare.

Il ceto professionale costituisce a Lentini - come in altre parte della Sicilia - la borghesia della città: medici, e soprattutto avvocati di cui esiste a Lentini una tradizione. Negli anni Cinquanta e Sessanta a questo ceto si affianca, per interesse di classe ma non per omogeneità sociale, quello dei commercianti: i proprietari dei "magazzini" che fanno fortuna con la vendita del prodotto agrumario nei mercati del Nord. "Il commerciante" a Lentini non è tanto il proprietario delle piccole botteghe di vendita dei prodotti per il consumo locale, che rimangono in tutti questi anni a uno stadio familiare e marginale, quanto coloro che, disponendo di capitali, sono in grado di acquistare il prodotto agrumario dai proprietari coltivatori, lo immagazzinano, lo fanno lavorare e trovano uno sbocco di mercato. La provenienza di questo ceto è varia: si tratta di "sensali", ovvero intermediari alla vendita - il commerciante non va in giro per la campagna a controllare qualità e grado di maturazione del prodotto ma si avvale di questo personale intermedio di propria fiducia; oppure di ex caporali, addetti al coordinamento e alla formazione delle "ciurme" (i gruppi di braccianti che scendono nelle campagne per la raccolta); alcuni hanno provenienza extra-territoriale, investitori dei paesi vicini (è esistito un gruppo di commercianti di provenienza da

---

6 Sono gli addetti alla potatura, di cui abbisognano periodicamente gli alberi di arancio.

7 Sono gli addetti all'innesto delle piante.

Giambilieri, in provincia di Messina attivi fino alla prima metà degli anni Settanta formato da arricchiti dai gruppi di lavoratori provenienti da quelle zone e utilizzati negli anni Sessanta come braccianti) disponibili dei capitali necessari per avviare questo tipo di attività speculativa.

	Estensione (Kmq)	Residenti 1961	Residenti 1971
Lentini	215,8	32.389	31.741
Carlentini	198	12.671	11.775
Francofonte	73,9	15.861	14.139

Censimento 1961:	Totale pop. attiva	Attivi nell'indust	Attivi in agricoltura

		ria	
Lentini	10.738	1.181	5.445
Carlentini	4.177	534	2.554
Francofonte	5.222	558	3.716

Fonte: rielaborazione dati ISTA, censimenti popolazione 1961 e 1971

Il movimento bracciantile

> "Nel dicembre 1966, nel corso della lotta per il rinnovo del contratto, dopo uno scacco salariale molto lungo, i braccianti di Lentini si scontrano con la polizia, costringendola a sgomberare il paese" [8]

Prendiamo questa succinta annotazione da un breve saggio apparso sulla rivista «Giovane critica». A scrivere sono Sergio Giani e Antonio Leonardi, siamo nel 1968. In questi anni Lentini e il suo movimento bracciantile appaiono abbastanza di frequente nella considerazione della pubblicistica, soprattutto della sinistra. I "fatti di Lentini" interessano e sono periodicamente notati dalla stampa quotidiana e da quella politica e ideologica. In realtà è tutta la fascia costiera al di sotto dell'Etna a essere interessata da un vasto movimento bracciantile. I "fatti" più famosi saranno quelli di Avola [9], ma anche altri centri sono coinvolti: Palagonia, Paternò, Scordia ecc. Si tratta del movimento contadino più consistente

---

8 *Sviluppo capitalistico e lotte bracciantili nell'agricoltura siciliana* / Sergio Giani, Antonio Leonardi, in: «Giovane critica», n. 19, inverno 1968-1969, p. 8.

9 Cfr. tra gli altri: *I fatti di Avola* / Sebastiano Burgaretta ; nota introduttiva di Giuseppe Giarrizzo. - Avola : Libreria F. Urso, 1981. Per le ripercussioni e una "visione" di tali fatti da parte cattolica, può essere interessante: *Avola, dopo* / Antonino Scalfaro, in: «Ricerca», anno XXV, n. 2-3, 15 febbraio 1969, p. 23.

dopo quello dei "fasci dei lavoratori" del 1892-94 [10] che il territorio abbia conosciuto.

E' un movimento che si cerca di comprendere sul piano sociologico e economico [11], mentre le strutture tradizionali di sinistra (Pci e Camere del Lavoro) cercano in qualche modo di guidare e incanalare.

Raffronto zone trasformate provincia di Siracusa e di Catania (per ogni rigo, il primo numero si riferisce alla provincia di Siracusa, il secondo alla Provincia di Catania)

	n° aziende	ettari di terra	media ettari/per azienda	% n° aziende	% ettari di terra
contadini salariati	10.646	5.277	0,49	32,6	3,2
	14.905	6.557	0,44	36,6	5,1
coltivatori diretti	6.334	10.110	1,59	19,4	6,2
	6.755	10.797	1,59	16,6	8,3
contadini capitalisti	2.159	6.356	2,9	6,6	3,9
	1.691	5.065	2,9	4,1	3,9
capitalisti	13.543	140.992	10,4	41,4	86,7

---

10 Anche Lentini fu pienamente interessata al movimento dei "fasci siciliani". Qui il "fascio" fu costituito il 25 dicembre 1892 (mentre il 13 maggio del 1893 le locali sezioni aderirono al Psli). Su questa vicenda si rimanda a uno studio diventato un classico della storiografia: *I fasci siciliani : 1892-94* / Francesco Renda. - Torino : Einaudi, 1977.

11 Ciò anche a livello locale oltre che nazionale. Si veda ad esempio il Centro Studi G. Di Vittorio di Siracusa che nel febbraio 1967 pubblica una *Analisi critica del censimento agrario . Processo di sviluppo dell'agricoltura siciliana, sue contraddizioni e prospettive*. All'interno di questa analisi si cerca di distinguere la stratificazione sociale delle campagne: "viene definito: *contadino salariato* il lavoratore che prevalentemente viene impiegato come venditore di forza lavoro, in quanto oltre a coprire il fabbisogno di lavoro del proprio appezzamento di terra, è costretto a ricavare dal salario la maggior parte del reddito necessario; *contadino diretto-coltivatore* il lavoratore che o integra il reddito proveniente dal lavoro prestato nella propria azienda con una parte del salario o ricava dalla sola propria azienda l'intero reddito necessario, o anche è costretto ad assumere mano d'opera salariata in misura non superiore al 20% del fabbisogno complessivo di lavoro; *contadino capitalista* colui che oltre al lavoro proprio è costretto ad assumere mano d'opera salariata in misura superiore al 30%; *capitalista* colui che assume solo mano d'opera salariata" (p. 6). Sulla base di queste categorie, nella provincia di Siracusa, nella zona trasformata, i contadini salariati avevano il 3,2% del territorio (coprendo il 32,6% del numero di aziende), i coltivatori diretti avevano il 6,2% del territorio (con il 19,4% delle aziende), i contadini capitalisti il 3,9% del territorio (con il 6,6% delle aziende), e le aziende capitalistiche avevano l'86,7% del territorio (con il 41,4% delle aziende). Analogo l'andamento nella zona trasformata della provincia di Catania.

	17.382	107.816	6,2	42,7	82,7

Fonte: elaborazione dati e nostra composizione tabella, sulla base di: *Analisi critica del censimento agrario . Processo di sviluppo dell'agricoltura siciliana, sue contraddizioni e prospettive* / a cura del Centro Studi G. Di Vittorio, febbraio 1967, Siracusa.

Sono lotte la cui importanza e partecipazione viene rivissuta con intensa partecipazione a distanza di trent'anni dai testimoni e protagonisti che abbiamo proceduto a intervistare nel corso della nostra ricerca.

Scrive Enzo Caruso:

> "Credo che molti, come me, conoscono il viale Riccardo da Lentini come *a sctrata da stazioni*. In effetti la via della Stazione di Lentini è quella che segue al viale e porta a piazza del Commercio, cioè alla stazione ferroviaria.
>
> Per quella parte della sua storia legata alle vicende agrumicole e alle lotte bracciantili degli anni Sessanta, tutta la strada, nei suoi segmenti, è quasi diventata un mito. In quegli anni fu spesso teatro di cortei, manifestazioni, anche di scontri furibondi. Quando i lavoratori erano sufficientemente esasperati dal braccio di ferro con i padroni, occupavano lo scalo ferroviario per impedire ai vagoni di arance di partire e presidiavano i magazzini.
>
> Posso anche dire, con una punta di orgoglio, di essere stato spettatore di uno degli scontri più crudeli di quegli anni tra polizia e manifestanti, avvenuto all'incrocio con via Regione Siciliana. Io ero allora un ragazzo curioso e osservavo lo scontro in corso stando al sicuro dietro un muretto al margine della strada. Primo lo slancio dei lavoratori che tentavano di rompere il cordone di polizia, poi le cariche con le jeep che zigzagavano fin sopra i marciapiedi e li disperdevano.
>
> Una, due, tante volte così.
>
> Poi, come sorta dal nulla arrivò lei, anche lei un mito, Graziella della Camera del Lavoro. Brandiva la bandiera rossa e la seguivano tante altre donne, solo donne, e tutte

marciavano impavide verso il muro dei poliziotti che sembrò sorpreso, parve aprirsi.

Ma entrarono in funzione gli idranti. Un violento e freddo getto d'acqua le investì, le inzuppò, le disperse.

Qualcuna cadde, urla e pianti. "Questo non dovevate farlo", dissero i braccianti, e caricarono come quando si arrabbiano davvero.

I poliziotti furono sopraffatti, inseguiti, uno di loro sparò e un ragazzo crollò sulla strada colpito a una gamba". [12]

Ricorda Pippo Moncada:

"Io insegnavo al Liceo Scientifico che era in via Riccardo da Lentini, e alcuni braccianti, quelli più facinorosi, sono penetrati dentro la scuola. Un ragazzo aveva scattato le fotografie a questi braccianti che manifestavano, quelli lì ritennero opportuno di venirsi a pigliare la macchina fotografica, entrarono dentro le classi, aggredirono questi ragazzi, e poi fummo chiamati a testimoniare per vedere chi è che erano questi che erano entrati [nella scuola]" (P. Moncada).

E Rosario Mangiameli:

"Io mi ricordo gli scioperi del novembre del 1966 e quelli del 1968 che poi culminarono con i fatti di Avola [...]. Gli scontri con la polizia erano cose epiche con migliaia di persone che si ammassavano intorno alla stazione ferroviaria dove c'era tutto il centro della produzione agrumicola e questi reparti della polizia, con idranti, autoblindo che si scontravano e normalmente finiva che questi idranti, autoblindo finivano nel fossato, gente ferita [...]. Di solito fra novembre e dicembre, era il momento del rinnovo del contratto degli agrumai interni

---

12 *La strada della stazione* / Enzo Caruso, in: «Giro di Vite», n. 45, agosto 1998, p.1.

[...] a cui si aggregavano gli agrumai esterni che erano le ciurme che andavano a raccogliere le arance in campagna. E a cui si aggregavano le donne che facevano parte degli agrumai interni e c'era un movimento femminile importantissimo come questa sindacalista che amo ricordare che si chiama Graziella Vistré, che era una donna anziana, fumava Alfa, sigarette alfa, ecc., che era stata mandata dal Partito Comunista apposta per gestire questa situazione sindacale, sostanzialmente. E veramente era un personaggio che mi piacerebbe ora a distanza di tempo conoscere meglio [...].

Nel '66 c'è quest'assalto di un grossissimo gruppo di braccianti al liceo, cioè erano venuti per farci uscire dalla scuola, il preside ha ordinato di chiudere le finestre e c'è stata questa sassaiola contro il liceo, per dire come queste istituzioni...come la scuola in fondo era abbastanza estranea. Anche se c'erano dei professori di sinistra, come Addamo, era abbastanza estranea al movimento bracciantile reale del paese, che era molto difficile da avvicinare proprio per la sua qualità di movimento bracciantile di classe e basta, no? Non aveva articolazioni sociali nel paese, non ne conosceva, tanto è vero che i dirigenti spesso venivano da fuori [...]. Otello Marilli, sindaco per molto tempo, toscano e personaggio di grandissima importanza..." (Mangiameli).

Interessante risulta la figura di Graziella Vistrè, donna e funzionario della Camera del Lavoro, impegnata nell'INCA-Cgil e con un forte seguito non solo tra le donne del bracciantato lentinese (interviste a Saro Mangiameli, e Luigi Boggio): "E' da lei che ho imparato l'importanza di un Piano Regolatore per la vita di una città. Aveva riempito le pareti del salone della Camera del lavoro con le mappe toponomastiche della città e spiegava la sera fino a notte fonda ai compagni che l'attorniavano dove sarebbe andata la zona 167, dove il parco..." (Luigi Boggio, nel 1968 appena nominato segretario della Camera del Lavoro di Lentini).

Uno dei documenti più interessanti trovati nel corso della ricerca è l'opuscolo a carattere propagantistico, *I fatti di Lentini del 13 dicembre 1966 : Lentini, Agrigento e la crisi del centro-sinistra* [13]. Il documento mostra in quale quadro un partito come il Pci, a livello nazionale, cercava di inquadrare i "fatti di Lentini", ovvero all'interno della lotta politica condotta da questo partito in quegli anni contro i governi del centro-sinistra. All'interno di una vertenza molto dura, in atto ormai da nove giorni, l'irrigidimento delle due parti - padronato agrumaio e sindacalisti. La controparte padronale rifiuta il piano di mediazione proposto dal prefetto. A questo punto, sembra su pressione dei commercianti agrumai e esautorando lo stesso prefetto, vengono inviati 300 agenti del XII reparto mobile della pubblica sicurezza da Catania. La sera del 13 la polizia spara, e ferisce due giovani, Salvatore Tragna e Nicola Amantia. Segue la reazione degli scioperanti che in pratica isolano le forze dell'ordine. La calma è riportata grazie alla presenza dei deputati del Pci presenti a Siracusa per seguire la vertenza, e ai sindaci di Lentini e di Carlentini (Marilli e Guercio).

Alla Camera del Lavoro di Lentini le tensioni esistenti sul territorio hanno un momento di organizzazione e razionalizzazione. Ricorda ancora Luigi Boggio [14]:

> "Si trattava di unificare le lotte degli agrumai interni con quelli delle zone trasformate [...]. Siamo riusciti a collegare i due fronti e a creare lotte molto forti, anche con punte aspre all'interno del movimento ma anche con forti rivendicazioni [...]. Ci sono state delle lotte significative per la Sicilia: la questione della gestione del collocamento, e quella del feudo abbandonato - la questione della Cassis. E poi l'applicazione dello Statuto dei lavoratori. Il primo delegato in Sicilia che ci sia stato è

---

13 *I fatti di Lentini del 13 dicembre 1966 : Lentini, Agrigento e la crisi del centro-sinistra : Discorsi pronunciati alla Camera dei Deputati nella seduta del 9 gennaio 1967* / E. Macaluso, V. Failla, S. Di Lorenzo. - [Roma] : Carlo Colombo, [1967].

14 Nato nel 1942 a Nicosia (Enna), Luigi Boggio ha partecipato alle lotte del 1960 di Messina tra gli studenti medi (contro il governo Tambroni). Dopo aver svolto attività politica e sindacale a Nicosia, viene mandato a dirigere la Camera del Lavoro nel dicembre 1968. Nella segreteria regionale del Pci, nel 1979 diventa deputato al Parlamento italiano. Si dissocia dal suo gruppo quando il Pci decide di non condannare l'invasione dell'Afganistan. Dopo l'esperienza parlamentare torna a Lentini riprendendo il suo posto come segretario della Camera del Lavoro.

stato all'azienda Cassis [nel settembre 1969...]. E' stato un momento di grande svolta" (Luigi Boggio).

Boggio ricorda le difficoltà di quelle lotte e di quegli scioperi - si trattava di scioperi che duravano almeno dieci giorni, era impossibile, dato il tipo di lavoro della campagna, fare scioperi che potessero durare una sola giornata. Veniva utilizzato anche lo strumento del dazebao: veniva appeso in piazza "L'agrario del giorno": un riquadro 70x100 dove giornalmente veniva indicato il nome di un agrario, quanti ettari di terreno possedeva, quante giornate d'ingaggio dichiarava per i suoi lavoratori, e quante giornate avrebbe dovuto dichiarare (la non-dichiarazione significava per l'agrario poter pagare meno tasse, ma per il lavoratore versamenti in meno nei contributi e per la pensione).

Il movimento bracciantile trova nei partiti della sinistra (Pci soprattutto, ma anche Psiup) una sponda istituzionale grazie alla quale alcune delle rivendicazioni vengono gradualmente accolte all'interno della legislazione del lavoro e nei contratti di categoria. A livello locale è il Pci a beneficiare in maniera più stabile nel tempo di tale appoggio. E' un beneficio che permane anche quando le classi bracciantili subiscono la progressiva erosione a seguito delle trasformazioni economiche del territorio e alla crisi della agrumicoltura negli anni Ottanta e Novanta. Ciò permetterà in questi due decenni la permanenza di un relativamente forte Pci/Pds/Ds al potere nell'amministrazione locale, pur con alterne vicende.

Il Pci ha a Lentini una forte presenza già all'indomani della guerra. Uno dei sindaci che viene ancora ricordato di quegli anni fu Nello Arena, ferocemente anticlericale. Otello Marilli ha un grosso carisma, la sua influenza dura in pratica fino al 1975. Nel 1975, la sconfitta del Pci di Lentini alle elezioni è l'occasione per la resa dei conti interna per una base di quadri intermedi che non aveva mai sopportato il dirigismo marilliano. Marilli non è solo il "forestiero", il reduce di una stagione di lotte e di una metodologia che si sente estranea, ma soprattutto è il tipo di dirigente che, per formazione personale e culturale, si pone in linguaggio altro rispetto ai quadri formatisi all'interno delle lotte agrumaie e sostanzialmente "incompreso" [15].

I fermenti cattolici

La Dc nasce a Lentini per impulso della chiesa cattolica, grazie soprattutto agli uffizi di monsignor La Rosa, sacerdote della chiesa principale di Lentini (Sant'Alfio). Essa riesce a coagulare abbastanza presto il ceto sociale medio e medio-alto dei professionisti. Già alla fine degli anni Cinquanta si avvertono segni di crisi all'interno della città cattolica e democristiana. Il partito è diviso in correnti. La corrente più grossa ha come leader Enzo Nicotra, legata ai potenti provinciali dei Verzotto. Di essa fa parte anche Pippo La Rocca. Esiste una corrente fanfaniana (cui fanno riferimento all'inizio degli anni Sessanta Pippo Moncada, Cirino Di Mauro, Turi Moncada). Un'altra corrente ha come leader l'avvocato Vincenzo Bombaci [16]. I leader di queste correnti provengono tutti dal ceto professionale degli avvocati.

Le gerarchie cattoliche "facevano votare Democrazia Cristiana per il semplice fatto che era la Democrazia Cristiana: non si ponevano poi il problema se amministravano bene o male" (P. Moncada).

La gestione è verticistica, clientelare. Segni di crisi che trovano nella generazione dei cattolici ventenni nel Sessantotto, i segni più chiari di un tentativo di contrasto.

---

15 Per Sebastiano Neddu Cava, che della figura di Marilli è stato il maggiore studioso locale (cui ha dedicato la tesi universitaria), Marilli aveva una posizione riformista, era uomo formatosi nell'amministrazione. Pensava che lo sviluppo dovesse passare ad esempio attraverso il Piano Regolatore: una cosa che non sempre gli altri del Pci di Lentini comprendevano. Nel 1975, quando Achille Occhetto venne a Lentini (era allora segretario regionale del Pci), l'azzeramento della dirigenza - al seguito di una assemblea che fu infuocata - significò la fine politica di Marilli, che morì poco tempo dopo. A Marilli accenna in maniera sintetica ma puntuale Mangiameli, p. 594 e nota in: *La regione in guerra (1943-50)* / Rosario Mangiameli, in: *Storia d'Italia : Le regioni dall'Unità a oggi : La Sicilia* / a cura di Maurice Aymard e Giuseppe Giarrizzo. - Torino : Einaudi, 1987.

16 Pippo La Rocca e Vincenzo Bombaci diverranno anche, negli anni Ottanta, sindaci di Lentini. Enzo Nicotra, avvocato, divenne deputato al Parlamento italiano; dopo il 1989 si è ritirato dalla vita politica attiva.

L'associazione Il Ponte

Già la generazione immediatamente precedente aveva visto coagularsi attorno all'esperienza dell'associazione culturale privata «Il Ponte», un primo momento di dibattito e di apertura. Le gerarchie e le istituzioni cattoliche non erano state coinvolte, l'esperienza de «Il Ponte» era tutta interna all'apertura del dialogo tra sinistra e cattolici. A dare vita a questa associazione, che per la scelta del nome si rifà al nome della rivista di Calamandrei, sono lo scrittore marxista Sebastiano Addamo, e il giudice Paglialunga, cattolico democratico di formazione lapiriana [17]. Ne fanno parte Pippo Moncada [18], Carlo Lo Presti, l'ingegnere Cicero, il commerciante genovese Franco Zerega, Alessandro Tribulato, Gaetano Sgalambro. Addamo in quegli anni svolge una notevole funzione culturale e politica nella città, anche nella sua qualità di preside del Liceo-Ginnasio "Gorgia". Autore già messosi in luce nei "Gettoni" di Vittorini, svolge una buona attività pubblicistica collaborando a diversi giornali e pubblicazioni. Tra le altre cose, collabora all'inizio degli anni Sessanta alla rivista catanese «Incidenza», diretta dal docente universitario cattolico Antonio Corsaro, che verrà sospesa nel 1962-1963 su invito delle autorità ecclesiastiche per le posizioni considerate troppo avanzate [19].

---

17 Allievo di La Pira, Paglialunga proveniva da Pachino. Fu nominato alla pretura di Lentini come pretore capo, che in quegli anni accoglieva anche il futuro giudice Santiapichi.

18 Nato a Lentini nel 1939, Giuseppe "Pippo" Moncada è figlio di un educatore cattolico, uno dei primi segretari politici della Dc a Lentini. Nella giovinezza è stato cattolico, vicino alla Dc è poi passato al Pci (tesserato nel 1974). Dopo essere stato nella Fuci, nel 1969 ha partecipato a Lentini all'azione evangelizzatrice di una comunità di base di Assisi, nei quartieri poveri della città (San Francesco di Paola, e San Paolo). Ha avuto ruolo di amministratore, prima come dirigente amministrativo dell'Ospedale di Lentini, poi come vicesindaco (giunta Bosco). Nel Pci lentinese ha assunto posizioni "ingraiane". E' stato tra i fondatori a Lentini di Rifondazione Comunista - nel 1998 ha aderito alla componente cossuttiana. Nella vita privata, è stato insegnante di matematica (laureatosi nel 1962-3) e ora preside al Liceo Scientifico di Scordia. Il fratello, Salvatore "Turi" Moncada, ha svolto intensa attività politica dentro la Dc, divenendo presidente della provincia di Siracusa e poi presidente della TAPSO di Siracusa. La madre, Olga, è stata per anni elettrice della Dc (per il senatore Terranova negli anni Cinquanta, e poi per il figlio Salvatore Moncada).

19 Sulla vicenda cfr.: *Una rivista catanese degli anni Sessanta : «Incidenza»* / Gisella Padovani, in «Archivio storico per la Sicilia Orientale», anno 84, 1988, p. 71. La rivista, bimestrale di letteratura, riprese le pubblicazioni nel 1964 ma ormai in fase calante. A quest'ultima fase collaborò anche Manlio Sgalambro, anche lui lentinese.

«Il Ponte» avvia incontri e discussioni, cercando di stimolare la vita culturale della città. Un incontro fu fatto sul Concilio Vaticano Secondo. Un altro sui fatti de «La zanzara», con la partecipazione di molti giovani liceali. Sulla riforma ospedaliera. Un incontro fu fatto con don Antonio Corsaro. Gli incontri più importanti si tenevano nei locali pubblici adibiti allora anche per le riunioni del Consiglio Comunale [20]. Le riunioni dei soci avvenivano a casa di Franco Zerega, un genovese che svolgeva a Lentini la professione di commerciante d'agrumi.

L'associazione «Il Ponte» è il gruppo più agguerrito dal punto di vista degli strumenti culturali, prima dell'esperienza della Fuci di don Scalici [21].

La Fuci di Lentini

A far scoppiare la crisi all'interno della nuova generazione sono i giovani raccolti attorno alla FUCI di Lentini. La Fuci a Lentini nasce in parallelo alle organizzazioni cattoliche, ha a livello locale una caratteristica evolutiva "a fisarmonica", in dipendenza non solo del numero ma anche della qualità delle presenze e delle generazioni che si susseguono. La permanenza all'interno della Fuci è sempre legata alla permanenza individuale all'interno della "carriera" scolastica universitaria. Si tratta quasi sempre di giovani appartenenti alle famiglie del ceto medio e medio-alto, in genere professionisti, e di cultura familiare rigorosamente cattolica. Nella Fuci del 1963 entrano a far parte studenti cattolici anche di estrazione più bassa, provenienti dai ceti dei piccoli proprietari contadini. E le donne: si forma una organizzazione Fuci femminile.

A Lentini a dare l'avvio a una nuova epoca alla Fuci locale è la presenza, in qualità di assistente spirituale, del frate francescano Salvatore Scalici (chiamato "padre Francesco"), chiamato a

---

20 Allora Lentini non disponeva di una sala consiliare.

21 Sopravvivevano - ma ancora per poco - il Centro Studi che aveva avuto una gloriosa tradizione negli anni Cinquanta, diretto dal dott. La Pira (e che aveva sede alla Badia), e il «Premio Lentini».

quest'ufficio da monsignor D'Asta allora parroco di Sant'Alfio [22]. Scalici porta un'aria nuova nella Fuci di Lentini, con effetti immediati sulle attività e sulla volontà di impegno dei fucini. Proveniente da Catania - ma di origini palermitane -, dal convento francescano di via Crociferi, porta nuove idee e la nuova teologia conciliare: faceva viaggi, almeno 2-3 volte la settimana, con la moto, per svolgere la sua opera presso i ragazzi e le ragazze di Lentini. La Fuci che sopravviveva fino ad allora come centro ricreativo, in cui i ragazzi si riunivano ma senza svolgere altre attività, viene investito da una nuova voglia. Si rinizia a studiare il Vangelo e i passi biblici, si discute in gruppo, i fucini partecipano alle funzioni secondo il nuovo rito (messa in italiano, con l'altare rivolto al popolo), servono messa, accompagnano il rito con il canto: "facemmo cose che normalmente erano demandate ai religiosi", nello spirito della partecipazione comunitaria. Si riapre la chiesa di San Francesco di Paola, con funzioni domenicali alle 10 e mezza, molto seguita. Le ragazze possono leggere passi del Vangelo durante la messa. Si avviano contatti epistolari con altre esperienze cattoliche avanzate del resto dell'Italia. Viene pubblicato un periodico mensile, «Gioventù fucina», primo numero nell'ottobre 1964: prima ciclostilato, fu poi stampato presso una tipografia catanese (presso cui padre Scalici aveva ottenuto un prezzo di favore).

Fanno parte della nuova Fuci una cinquantina di ragazzi e ragazze. Vi è la presenza di alcuni dei "vecchi" fucini, appartenenti alla generazione immediatamente precedente (Gianni Cannone, Pippo Moncada), ma senza continuità: la maggior parte sono tutti ragazzi/e nuovi, formati dagli universitari pendolari e soprattutto delle facoltà umanistiche (le facoltà scientifiche, per il tipo di studio specifico, richiedevano la frequenza e dunque la necessità dell'affitto di una casa stabile a Catania, cosa che era possibile solo per gli studenti di famiglie più agiate).

---

22 D'Asta insegnava allora anche al Liceo Classico "Gorgia", e contendeva da parte cattolica - e di estrema destra - la battaglia culturale che, da parte di sinistra era portata avanti (e rappresentata) da Addamo.

Appartengono a questa nuova generazione fucina: Armando Rossitto, Elio Cardillo [23], Maria Rosa Cardillo, Santino Ragazzi [24], Filly Ossino, Delfo Inserra, Mario Bucello, Mario Cormaci, Di Maria, Maria Di Noto, Clara Genovese, Ada Giannone, Salva Antico, Cirino Gula, Domenico Tirrò, Vittorio Emmi, Francesco Moncada, Cirino Ossino, Antonio Strano. Tra i "vecchi" fucini continua a frequentare Ciccio Fisicaro, che fu uno dei primi presidenti [25]. A qualche riunione partecipa anche un "esterno" come Rosario Mangiameli [26].

I fucini non si limitano alle iniziative interne alla parrocchia, ma cominciano a partecipare anche alla vita culturale della città. "Ricordo un incontro in cui fummo chiamati proprio come Fuci a parlare del Concilio Vaticano Secondo, dall'associazione «Il Ponte»" (Rossitto), cui erano presenti anche i cattolici catanesi Paolo Beretta e Angelo Rosanno. Temi che prima erano discussi solo nelle cerchie ristrette del mondo accademico o religioso sono ora discussi tra i ragazzi, nel mondo laico e in quello cattolico.

E' Armando Rossitto, che si trovava a Milano nella pasqua del 1967, a portare a Lentini la prima copia della *Lettera a una professoressa*, già nei primi mesi del 1968. Un testo su cui già si era cominciato a discutere ma che nelle riunioni venne letto e riletto.

Era parte delle funzioni della Fuci una certa attività caritativa, nei confronti dei "disagiati". Raccolta di indumenti, di cibo, collette, visite a ammalati e all'Istituto Manzitto - ente cattolico locale specializzato nell'accoglienza degli orfani del territorio -. E' una

---

23 Elio Cardillo, nato a Carlentini nel 1943, da famiglia contadina (il padre era coltivatore diretto). Cattolico, insegnante di matematica alle medie. Nel 1983 ha fondato la Confraternita dei Devoti Spingitori, che accompagna le celebrazioni della festività del santo principale della città di Lentini. La sua attività politica nota risulta iscritta alla partecipazione alla campagna elettorale del 1982, quando si presentò come candidato al Consiglio comunale di Lentini. Il resto della sua attività è dentro il recupero delle tradizioni popolari del paese.

24 Santino Ragazzi fu anche presidente della Fuci di Lentini. E' poi passato al Psi di cui è stato segretario, sindaco di Lentini. E' poi passato al Pds, di cui è divenuto consigliere comunale e assessore (giunta Raiti).

25 Francesco Fisicaro, laureatosi poco dopo in giurisprudenza, diventerà presidente del Consorzio Bonifica invaso del Biviere. Egli rappresenta il "tratto d'unione" tra la vecchia Fuci e la nuova generazione dei fucini. Negli anni di ricormazione del gruppo Fuci a Lentini, continuerà a frequentare occasionalmente gli incontri più importanti della Fuci. Dopo la laurea, frequenterà come praticante lo studio dell'avvocato Bombaci e intraprenderà la carriera politica nella DC (unico tra i fucini qui nominati).

26 Sono i nomi che siamo riusciti a raccogliere sulla base delle interviste registrate. La documentazione, esistente, non ci è stato possibile consultarla.

attività che viene incrementata dal volontariato dei giovani fucini, in collaborazione con l'organizzazione caritatevole San Vincenzo.

> "La Fuci aveva al proprio interno un gruppo che si occupava dei poveri, degli ultimi. Attraverso la San Vincenzo faceva la carità alla povera gente: proprio la assisteva nei bisogni materiali elementari. Questa esperienza fu un'esperienza forte, per dei ragazzi che venivano a contatto per la prima volta con situazioni anche disperate. Andavamo in giro per le case della povera gente, gli portavamo la pasta, il pane, gli abiti. Scoprimmo situazioni di disagio che non conoscevamo assolutamente [...]. Cominciava a operare una scelta precisa, che era quella che ci portò a considerare la necessità di un impegno sociale meno precario del fare la carità per un giorno e poi starsene a casa per i fatti propri, cioè a fare scelte più radicali, tanto che si sviluppò questo slogan: Fare la carità oggi significa fare politica, cioè cambiare la situazione delle persone. Don Milani diceva: la politica è *sortirne* insieme" (Rossitto).

L'organizzazione maschile e femminile erano separate ma in questo periodo ci fu il tentativo di fondersi. "Dicevano che era un'agenzia matrimoniale, in realtà era un'occasione di incontro fra persone che erano impegnate nello stesso progetto" (Mangiameli). Era un'organizzazione collaterale alla Democrazia cristiana ma "lì avvenne questa strana cosa, che il rapporto con la DC in qualche modo entrò in crisi, nel senso che il rapporto con la politica fu ricostruito, riletto, e tutto partì dalla lettura di *Lettera a una professoressa*" (Mangiameli).

Nel gennaio del 1968 essi avviano il primo doposcuola, gratuito, per i figli dei braccianti. E' un'esperienza che riescono a mantenere per tre anni, durante i quali svolgono la loro opera volontaria. "Era un'attività impegnativa, che sottraeva ore allo studio" ricorda Armando Rossitto. Vengono organizzati turni, in modo da alternarsi al doposcuola.

Era un'attività che anche i gruppi laici e di sinistra vedevano con simpatia - allora il gruppo giovanile più organizzato era quello della Fgci (guidato allora da Armando Ansaldi). "Venivamo sollecitati a un confronto, a un dialogo, dai dirigenti sindacali dell'epoca, dai dirigenti politici. Ricordo che Marilli varie volte si incontrò con noi in maniera informale, simpatica [...]. C'era un rapporto di simpatia reciproca" (Rossitto).

> "Non posso dimenticare quando alcuni giovani del mondo cattolico hanno chiesto un incontro libero con i braccianti su questi temi [del lavoro, la questione del feudo Cassis ecc.] senza la mediazione del segretario della Camera del Lavoro, in quel caso io. E c'era il salone pieno, stracolmo: da un lato la delegazione di questo mondo cattolico e dall'altro il direttivo dei braccianti [...]. Loro ponevano le domande, i lavoratori rispondevano, c'era questo dialogo che per la prima volta era un dialogo, una comunicazione tra mondi completamente diversi [...]" (Luigi Boggio).

Accanto a queste attività sociali, i giovani continuano a mantenere la tradizione delle attività ludiche: gite, feste con balli. "La domenica quando uscivamo dalla messa" ricorda Rossitto, "era uno spettacolo vedere tutti quei giovani, immediatamente riconoscibili, passeggiare festosi lungo la via Garibaldi".

> "Il ruolo che ebbe la Fuci in quegli anni fu estremamente positivo. Perché attraverso la mediazione dei ceti tradizionalmente moderati, si veicolava il nuovo. Che era questa fortissima esigenza di opporsi alle ingiustizie sociali" (Rossitto).

I fucini di Lentini, diventati punto di riferimento anche per i circoli delle città del siracusano, partecipano ai convegni nazionali (Firenze 1965, Messina 1967), oltre che a quelli regionali.

Scalici ottiene una seconda laurea all'Università Cattolica di Milano. Conosce qui il prof. Franco Cordero, che insegnava allora procedura penale ed era esponente di spicco del cattolicesimo conciliarista. I contatti con il clima milanese servono per portarlo su posizioni ancora più avanzate, in campo religioso e sociale, e così anche il gruppo lentinese viene influenzato dalle nuove idee, trovando in questi ragazzi/e terreno fertile.

Quando accadono i fatti di Avola, anche i fucini lentinesi rispondono partecipando immediatamente alla manifestazione cittadina:

> "Quando si seppe la notizia eravamo riuniti al gruppo della Fuci. E fu immediata e spontanea la necessità per noi di solidarizzare uscendo dalla [sede della] Fuci, organizzandoci, e testimoniando accanto al movimento che esprimeva il bracciantato, accanto ai suoi dirigenti [...]" (Rossitto).

E' un tipo di attività che comincia a destare qualche nervosismo all'interno del mondo cattolico tradizionale. L'idea che un fermento dissidente possa provenire dall'interno stesso dei gruppi borghesi del cattolicesimo è difficile a essere accettata. Padre Candella, parroco della chiesa di Santa Croce, che da sempre coniugava rigorismo ideologico e interventismo nei quartieri poveri, "all'inizio non capì ma quando capì fece un ostruzionismo fortissimo insieme a Enzo Nicotra" (Mangiameli), il leader della DC del tempo.

Al congresso nazionale della Fuci di Verona nel 1969, il gruppo di Lentini che partecipa è il più numeroso. Sono una trentina di ragazzi (un terzo circa sono ragazze). Portano con sé un proprio documento sulla Chiesa del post-concilio, su cui hanno lavorato a lungo, divisi in gruppi di 3-5, ogni gruppo ha lavorato su un tema specifico (il rapporto con il lavoro, il rapporto con i poveri, il rapporto con la Chiesa ecc.). L'impatto dei ragazzi di Lentini è notevole, all'interno del congresso. "Non lo scorderò mai", ricorda Elio Cardillo, "tutti quanti volevano sentire cosa pensavamo. A tavola, ognuno di noi avevano attorno 40-50 persone che sentivano il nostro punto di vista". Il gruppo di Lentini trovò nel gruppo di Padova sostegno [27]. In particolare, furono presentate

---

27 Per una ricostruzione delle discussioni avutesi al congresso di Verona solo parzialmente può essere utile quanto pubblicato su «Ricerca», il quindicinale ufficiale della Fuci: la perdita delle registrazioni costrinse i redattori a farsi consegnare dagli interessati loro contributi scritti e postumi: cfr. *Interventi al Congresso di Verona*, in:

dai fucini lentinesi due mozioni riguardanti il testo unitario del gruppo di discussione su "I gruppi di universitari cristiani nella Chiesa". La mozione n. 7 dei lentinesi fu poi approvata dall'assemblea dopo essere stata discussa e votata a parte, e invitava i gruppi Fuci a "una sostanziale partecipazione alla vita della Chiesa locale" e a inventare "nuove forme di presenza nelle parrocchie per la realizzazione di una più profonda 'pienezza' di comunione onde evitare le condizioni di privilegio ecclesiale in cui spesse volte si vengono a trovare" [28]. La mozione n. 6 invece non fu approvata né all'interno della discussione del gruppo e nell'elaborazione della mozione "di maggioranza", né dall'assemblea. Con essa la mozione n. 18 del gruppo fucino di Padova, portavoce Umberto Picchiura. Sia la mozione padovana che questa seconda lentinese insistevano sulla necessità di superare le divisioni interne alla Chiesa ma soprattutto di superare il limite dell'azione fucina nell'ambiente universitario, aprirsi all'incontro con ogni categoria di persone. I lentinesi ponevano l'esigenza di superare l'elitarismo universitario:

> "è reale la consapevolezza, fatta esplodere dal MS [movimento studentesco], che non esistono problemi settorializzati, ma, piuttosto, una serie di problemi comuni all'uomo che lo coinvolgono qualunque sia il suo 'ambiente' e che pongono l'esigenza di un esame comprensivo delle varie realtà. Per questo parlare ancora di un 'ambiente' universitario a se stante è un anacronismo, perché i mali dell'università, come quelli del mondo del lavoro, della scuola, dei laureati etc., hanno un'unica matrice: la società così com'è strutturata.

«Ricerca», anno XXV, n. 19, 15 ottobre 1969: contiene gli interventi di presidenti e personalità maggiori invitate (Vittorio Bachelet, Peppino Orlando, don Renzo Belloni, André van Kempen, Ettore d'Elia, il padre camaldolese Emanuele Bargellini. La seconda puntata fu pubblicato in: «Ricerca», anno XXV, n. 24, 31 dicembre 1969 (*Interventi al congresso di Verona 2*, p. 9): qui sono gli interventi dei lentinesi Rossitto e Ragazzi. In: «Ricerca», anno XXVI, n. 1-2, 31 gennaio 1970 sono pubblicate le mozioni (*Le mozioni*, p. 9-10) tra cui quelle dei lentinesi Cirino Gula e Domenico Tirrò - è qui che ci si può fare un'idea migliore del dibattito avutosi all'interno del congresso e delle diverse contrapposizioni; mentre in «Ricerca» anno XXVI, n. 3, 15 febbraio 1970 furono pubblicati degli *Interventi dopo l'assemblea Federale*, tra cui quello di Lentini (p. 4) firmato a nome collettivo (circolo Fuci Lentini).

28 *Le mozioni*, in: «Ricerca», anno XXVI, n. 1-2, 31 gennaio 1970, p. 9.

> E' la società attuale che va messa in crisi e gli ambiti concreti di studio e di intervento (università, fabbrica, campagna...) vanno scelti dai gruppi in base all'opportunità del momento [...]. L'AF [Azione Fucina] per superare la mentalità elitaria dei gruppi Fuci / **auspica** che si tenda a svuotare di significato la qualificante esteriore sociologica (l'essere universitari) in modo che la costituzione del gruppo abbia come unico fondamento la condivisione del messaggio evangelico" [29].

Di qui la proposta di aprirsi "a tutte le componenti delle classi sociali: operai, braccianti, laureati, etc.", "l'invenzione di nuovi modi di rapporto e di accostamento con le classi sociali più umili e povere al fine di iniziarle ai valori autentici della cultura: doposcuola, esperienze di lavoro per e con i lavoratori". L'impegno nell'università poteva essere recuperato, ma solo "come uno dei tanti possibili" [30]. Si trattava di tesi e idee decisamente dirompenti rispetto all'organizzazione tradizionale della Fuci. La discussione all'interno del gruppo di lavoro e nell'assemblea generale fu molto partecipata, la maggioranza si coagulò attorno ai presidenti nazionali Benzoni e Gallinaro, fermamente contrari a idee di scompaginamento dello specifico fucino. Che tuttavia quella dei lentinesi non fosse una posizione isolata lo mostra il consenso avuto anche presso altri gruppi. L'organo ufficiale della Fuci nazionale, «Ricerca», pubblicò con obiettività sia le mozioni di maggioranza che quelle di minoranza e dei gruppi, dando conto dell'intero dibattito, segno della volontà di dialogo esistente all'interno dell'organizzazione. Del resto uno dei lentinesi, Armando Rossitto, verrà cooptato nella dirigenza nazionale a Roma. Anche questo segno di come le spinte al cambiamento all'interno della Fuci prevalessero comunque, in quella fase, rispetto alle tentazioni di conservazione e di arroccamento.

Al termine del congresso i fucini lentinesi passano da Firenze. Già avevano avuto contatti epistolari con la comunità dell'Isolotto di don Mazzi. Si trovano a passare, ospiti della comunità, proprio nei

---

29 *Le mozioni*, in: «Ricerca», anno XXVI, n. 1-2, 31 gennaio 1970, p. 11.
30 *Le mozioni*, in: «Ricerca», anno XXVI, n. 1-2, 31 gennaio 1970, p. 11.

giorni in cui le tensioni tra don Mazzi e il cardinale di Firenze, Ermenegildo Florìt [³¹], raggiungono l'apice [³²]. "Ci trovammo a Firenze proprio il giorno in cui il cardinale Florit sancì la spaccatura con la comunità dell'Isolotto, con don Enzo Mazzi. Entrò la mattina nella chiesa dell'Isolotto e disse che don Mazzi era fuori dalla Chiesa. Noi ci trovavamo a visitare la comunità dell'Isolotto. Entrammo in chiesa, mentre don Mazzi e il suo gruppo era rimasto sul sagrato; noi entrammo in chiesa per capire se l'arcivescovo fosse andato lì per dire parole di riappacificazione e invece ascoltammo parole molto dure, di rottura, che ci

---

31 Nato nel 1901 a Fagagna, Ermenegildo Florìt era tra i cardinali più in vista del tempo e della gerarchia. Era stato pro-rettore della Pontificia Università Laterana (1951-54), poi arcivescovo. Nel 1962 era stato nominato arcivescovo di Firenze e il 22 febbraio 1965 aveva ricevuto il titolo di "cardinale del titolo di Regina Apostolorum", da Paolo VI.

32 Le vicende del dissenso tra la comunità dell'Isolotto e il cardinale Florit arriveranno poi allo scontro e al ricorso processuale. Cfr. *Isolotto 1954-1969* / Comunità dell'Isolotto. - Bari : Laterza, 1969; e: *Isolotto sotto processo* / a cura della Comunità dell'Isolotto. - Bari : Laterza, 1971. I due libri danno anche indicazioni sul contesto storico in cui si pone l'esperienza dell'Isolotto, all'interno del cattolicesimo di quegli anni e della città. Sul filone di studi e testimonianze relativi al dissenso cattolico in quegli anni, si veda: *Il dissenso cattolico in Italia : 1965-1980* / Mario Cuminetti. - Milano : Rizzoli, 1983. *Contro la Chiesa di classe* / a cura di Marco Boato. - Padova : Marsilio, 1969. In entrambi si trovano documenti relativi alla vicenda dell'Isolotto. Per quanto riguarda gli effetti di questa vicenda in ambiente Fuci, è interessante notare la puntualità con cui, dopo una iniziale incomprensione (*I profeti impazienti* / Maria Nunzella, in: «Ricerca», n. 19, 15 ottobre 1968), la Fuci nazionale segua la vicenda, soprattutto attraverso il suo organo «Ricerca»: *Da Parma all'Isolotto* / Marisa Nunzella, in: «Ricerca» n. 21, 1968; *Alla Chiesa di Dio che è pellegrina in Firenze* / M. Nunzella e L. Accattoli, in: «Ricerca» n. 24, 1968; *Incontro a Cristo attraverso la vita dei poveri* / Luigi Accattoli, in: «Ricerca» n. 1, 1969; *Siamo tornati all'Isolotto* / Luigi Accattoli, in: «Ricerca» n. 19, 15 ottobre 1969. In area cattolica, le due principali posizioni possono essere esemplificate da questi due articoli: *Il "catechismo" dell'Isolotto* / Giuseppe De Rosa, in: «La civiltà cattolica», 2845 (4-I-1969); e: *Una proposta mancata in una esperienza coraggiosa* / Adriana Zarri, in: «Settegiorni», n. 80 (22-XII-1968). In occasione del "trentennale" del Sessantotto la bibliografia relativa a questo aspetto del Sessantotto (il Sessantotto cattolico) ha visto rinfoltirsi il numero degli studi. A parte: *La Chiesa postconciliare* / G. Verucci, in: *Storia dell'Italia repubblicana II, La trasformazione dell'Italia : sviluppo e squilibri*, tomo secondo. - Torino : Einaudi, 1995. Centrato sui cattolici pre-Sessantotto è: *Dal Concilio al '68 : Il mondo cattolico italiano negli anni sessanta* / Rocco Cerrato, in: *Prima del 68 : cultura e politica negli anni sessanta* / Collettivo Storici Strada Maggiore. - Milano : Alternative Europa, 1997. "Assolutamente confuso, disinformato e storicamente inattendibile la ricostruzione delle posizioni ideologiche di soggetti politici e culturali verso i quali nutre profondo pregiudizio" è il giudizio di C. Adagio, che condividiamo in pieno su: *Il lungo autunno : Controstoria del sessantotto cattolico* / R. Beretta. - Milano : Rizzoli, 1998. Il giudizio è in: Cultura e politica nelle riviste bolognesi (1965-1969) / Carmelo Adagio, in: *Tra immaginazione e programmazione : Bologna di fronte al '68 : Materiali per una storia del '68 a Bologna* / Carmelo Adagio, Fabrizio Billi, Andrea Rapini, Simona Urso. - Milano : Punto rosso, 1998. - pp. 140-195. In particolare, per ciò che qui interessa, il saggio sulla rivista cattolica «Collegamenti», da p. 177 ("L'esperienza dei gruppi spontanei e la radicalizzazione politica del dissenso cattolico in Collegamenti").

provocarono una istintiva reazione. Uscimmo dalla chiesa e solidarizzammo con don Mazzi" (Rossitto). Ricorda Elio Cardillo:

> "Il cardinale diceva messa dentro la chiesa con tutta gente ma non dell'Isolotto, portata con i pullman. E fuori, sotto un grande ombrellone, c'era la lettura del *Passio*, la passione di Cristo. E c'era la piazza piena come mai gli occhi miei l'hanno vista. Carabinieri in divisa e in borghese in tutti gli angoli. E centinaia di sacerdoti, da tutto il mondo, di ogni colore, che in fila indiana volevano salire alla cattedra per leggere un piccolo brano. Vero è che, anche se il *Passio* è lungo, erano tanti che ad ogni sacerdote toccò di dire manco mezza frase, o due o tre parole, tanta era la gente in fila [...]. Non ho mai visto tanta gente piangere contemporaneamente: dentro si faceva festa con il cardinale e fuori gli abitanti dell'Isolotto in lacrime. Finita questa funzione religiosa, abbiamo fatto penitenza. Don Mazzi invitò tutti a saltare il pranzo e la cena. Siamo stati davanti alla chiesa tutti quanti seduti, a fare digiuno [...]. A sera assemblea in una piazza vicino. E qui prese la parola, sia qualcuno di noi ma anche il nostro assistente. Il quale scese in primo piano anche a leggere un breve passo. L'altro assistente nostro invece [[33]] - con grande carità, ci fece tanta pena, ma siamo stati rispettosissimi - avendo compreso l'eccezionale gravità ci disse: 'Mia madre è ancora viva, io sono prete. Oggi io perdo di essere sacerdote. Fate finta che io non esista'. E uscì con i pantaloncini corti vestito da turista per non farsi conoscere. Camuffato. Noi fummo estremamente rispettosi [...]. Però, apro una piccola parentesi, qualche tempo dopo il vertice della sua comunità seppe tutto e fu severamente punito perché fu mandato a fare penitenza per un bel po' di anni [...], anche se non era entrato nel merito, solo per il fatto che c'era [...]. Quell'altro invece [padre Scalici] quella sera in pubblico parlando dell'esperienza disse che il cardinale era venuto a mettere la spada nel cuore di nostro Signore

---

33 Si tratta del carmelitano, padre Teresio. Dopo i fatti qui raccontati svolgerà le funzioni per molti anni nel territorio di Carlentini. Oltre agli elementi umani della vicenda, non secondario è il diverso ordine di appartenenza di padre Teresio rispetto al francescano padre Francesco.

- a conficcare la spada nel cuore del Signore -. Questa fu una battuta ad effetto, una battuta grave. Noi la notte partimmo in treno. Giunti a Napoli, la mattina presto, abbassammo i finestrini dello scompartimento e c'erano quelli che vendevano giornali [...]. In tutta la stampa del lunedì mattino, in prima pagina, a caratteri scritti grossissimi c'era la frase che aveva detto [...]: il vescovo Florit è venuto a ficcare nel cuore del Signore la spada [...]. Comprammo Il Corriere, L'Unità, Il Carlino, Il Roma... Tutti quanti i giornali: in prima pagina c'era la foto di don Mazzi seduto sui gradini della chiesa e con accanto Armando Rossitto [34]. Tutti quanti la stessa foto in tutta quanta l'Italia. Noi ci siamo chiusi dentro lo scompartimento e abbiamo ripreso a piangere perché abbiamo capito che ormai era tutto perduto" (Cardillo).

Al ritorno a Lentini le cose precipitarono. Il vescovo di Siracusa, Bonfiglioli [35], fece allontanare Scalici che fu trasferito a Palermo [36], e al suo posto fu messo un altro assistente, Ermanno Di Pasquale. Verrà successivamente anche questo rimosso.

---

34 Cfr. *Accusati di scisma i fedeli dell'Isolotto* / Marcello Lazzerini, in: «L'Unità» dell'1 settembre 1969, p. 2. L'articolo (in seconda pagina e non in prima come invece ricorda la nostra fonte orale, è accompagnato dalla foto. Degli altri giornali abbiamo potuto consultare: «Il Corriere della Sera» del 2 settembre 1969, a p. 4 con un articolo intitolato *L'Isolotto fuori dalla Chiesa* e siglato L.P. (l'1 settembre era lunedì e il Corriere non usciva). Puntuale l'informazione de «Il Giorno» (ma senza foto di don Mazzi): l'1 settembre 1969 (anno XIV, n. 34), richiamo in prima pagina con titolo *Florit fra il muro dell'Isolotto*, con foto del cardinale Florit, e rimando all'articolo in seconda pagina: *Florit dice Messa e don Mazzi inizia il digiuno*. Il giorno dopo, articolo "dal nostro Inviato": *Per l'Isolotto rottura irrimediabile?* («Il Giorno», 2 settembre 1969, p. 2).

35 Nella ricostruzione di Elio Cardillo: in quei giorni Bonfiglioli si trovava a Roma, alla CEI. E' qui che il cardinale Florit fa pressioni su Bonfiglioli, e da Roma Bonfiglioli manda un telegramma al responsabile degli assistenti spirituali della provincia di Siracusa, Gozzi, per convocare al suo ritorno i fucini di Lentini. I fucini furono ricevuto da Bonfiglioli, che chiese una lettera di perdono da inviare a Florit. Tornati a Lentini i fucini scrissero una lettera in cui chiedevano perdono per il modo ma non per il contenuto. Il vescovo lesse la lettera e non la accettò (la strappò, secondo Cardillo); stessa sorte una seconda lettera più mite. La terza volta "la mette in tasca senza leggerla".

36 Ancora nella ricostruzione di Elio Cardillo: a Palermo padre Scalici fu sottoposto a regime punitivo, costretto a dire messa all'alba, e a non muoversi dalla sua cella, senza poter vedere nessuno. I ragazzi di Lentini che andarono fino a Palermo per poter parlare con lui non furono ricevuti. Dopo qualche anno chiese il ritorno allo stato laicale che fu concesso dalle autorità ecclesiastiche solo dopo alcuni anni. Scalici divenne insegnante, a Rho.

Il gruppo dei fucini decise di continuare le attività. Si spostò, dai locali della chiesa di Sant'Alfio - in cui era stato nominato nuovo parroco don Castro, al posto di padre D'Asta rimosso perché contestato [37] - a una propria sede in via Teocle, affittata a metà con l'ex assistente (che era stato ex-fucino prima di diventare sacerdote), padre Ermanno Di Pasquale. "Lì in quella casa si fu liberi di fare adesso politica" (Cardillo). Qui si fece il doposcuola. Erano una ventina di alunni della scuola media, provenienti dai quartieri popolari (di Sopra La Fiera). Si sentiva il radiogiornale, si faceva palestra, si studiava.

Si continuavano a mantenere i rapporti con la federazione nazionale, i cui dirigenti erano ospitati quando venivano in visita. Nel febbraio 1970 «Ricerca» pubblica un nuovo corposo intervento del gruppo Fuci di Lentini, con il quale il gruppo precisa e ribadisce le proprie posizioni di apertura e superamento dell'esperienza strettamente universitaria, ricollegandosi alla propria mozione andata in minoranza al congresso di Verona. Stavolta si fanno chiari riferimento all'esperienza dell'Isolotto, ci si schiera contro la "neutralità della Chiesa": "chi è il modello della Chiesa, Pilato o Cristo?":

> "Non accettiamo [...] che un gruppo, come quello fuci, si possa costituire solo per affrontare i problemi tecnici della propria categoria. Sarebbe estremamente banale una simile giustificazione [...]. L'impegno nell'università non sta all'origine del gruppo come motivo fondante, ma è un gesto contingente che il gruppo decide di fare per motivi occasionali che non hanno niente a che fare con la qualificante sociologica dei componenti.
>
> Partendo da questa analisi non si vede, allora, perché nello stesso gruppo non vi debbano essere quali interlocutori i lavoratori, gli studenti e chiunque altro voglia farvi parte. Per le questioni tecniche [come quelle universitarie] si trova sempre spazio per discuterne separatamente" [38].

---

37 La contestazione di padre D'Asta avviene, da parte dei fedeli, per le sue frequentazioni dei locali più poveri e malfamati della città. A ciò si aggiunga una eccessiva generosità amministrativa. Tra i fedeli contestanti, la famiglia Tirrò che disponeva di parenti altolocati (un loro zio, Cavarra) all'interno del vescovado.

Nel maggio 1970, Armando Rossitto, passato all'inizio dell'anno alla redazione nazionale di «Ricerca», dalle pagine del quindicinale fucino inviterà (a margine dell'articolo *Barbiana oggi* [39] che si configura come uno dei maggiori contributi sul tema della "controscuola" proveniente dall'interno delle organizzazioni cattoliche italiane ufficiali dell'epoca) i vari gruppi presenti in Italia a inviare una loro relazione sulle esperienze sparse del doposcuola. Risponderanno in vari gruppi, e naturalmente il gruppo di Lentini [40]. Dalla Sicilia risponderanno altre tre realtà presenti: Catania [41], Ragusa [42], Modica [43]. Il contributo della Fuci di Lentini è riassuntivo dell'esperienza locale del doposcuola. Dopo un breve quadro socio-economico riguardante il territorio e l'inquadramento all'interno delle coordinate di "scuola classista" versus "controscuola" dell'operazione doposcuola a Lentini, si fa una breve "storia" delle due fasi del doposcuola fucino a Lentini, all'interno della quale si misurano limiti e prospettive di questa esperienza. Della prima fase, relativa al doposcuola del 1968, si riconoscono i limiti:

> "La mancanza di esperienze nell'insegnamento da parte nostra, il numero elevato dei ragazzi, il tempo limitato ad essi dedicato insieme con l'insufficienza e dispersione dei programmi scolastici, cui per necessità eravamo legati, non consentì di registrare un sensibile progresso dei ragazzi. Anche per carenze organizzative non si raggiunse d'altra parte una percentuale considerevole di promozioni. Però, al di là di questi limiti, il lavoro fra i ragazzi ci aprì una finestra sul loro mondo, ci introdusse a parlare la loro lingua ed indicò la strada migliore per comprendere la loro mentalità legata ad esperienze

---

38 *Interventi dopo l'Assemblea Federale : Lentini*, in: «Ricerca», anno XXVI, n. 3, 15 febbraio 1970, p. 4.

39 *Barbiana oggi* / Armando Rossitto, in: «Ricerca», anno XXVI, n. 10, 31 maggio 1970, p. 14-15.

40 Cfr. *Il doposcuola nei gruppi: Lentini*, in: «Ricerca», anno XXVI, n. 11-12, 30 giugno 1970, p. 17.

41 «Ricerca», n. 15-16, 15-31 agosto 1970, p. 9.

42 «Ricerca», n. 17, 15 settembre 1970.

43 «Ricerca», n. 21, 15 novembre 1970.

brucianti di vita: il contatto umano costante a tutti i livelli" [44].

Nell'estate del 1969, l'esperienza riparte su altre basi, grazie alla lettura e al confronto di gruppo con *Lettera a una professoressa*. Viene ridotto il numero di ragazzi e si compie quella che viene da essi chiamata una "scelta classista": "scelta dell'inferiore per restituirgli il necessario alla convivenza cosciente: in una parola gli strumenti di liberazione dall'uomo, perché acquistassero la consapevolezza di essere servi solo di Dio e fratelli di tutti gli uomini" [45]. "I risultati questa volta furono migliori: agli esami di riparazione passarono tutti" [46]. Il documento esamina le prospettive del doposcuola in atto, le attività che si svolgono (dalla lettura dei giornali alle riunioni dei gruppi su temi come la pace, lo sfruttamento, la povertà, la fede, i rapporti genitore/figli ecc.):

> "per abituare i ragazzi a parlare e a prendere coscienza di certi problemi che sono di tutti, assieme a tutti, compagni ed **insegnanti**, a superare certe timidezze, **a ragionare con la loro testa**. Dapprincipio fu difficile, perché i ragazzi si vergognavano; poi, man mano... E' un'esperienza arricchente (soprattutto per noi!).
>
> Tutto questo non l'ha imposto nessuno: non ci sono programmi ministeriali. Ce l'hanno fatto capire i ragazzi stessi che vanno scoprendo i loro interessi e vogliono coltivarli in una scuola fatta da loro. Rimane questa la nostra aspirazione. Una scuola a dimensione d'uomo aperta a tutti, al passo con la storia, capace di fornire un bagaglio di cognizioni, vocaboli, immagini e tecnica dialettica e soprattutto capace di porre le persone in grado di esprimere giudizi di valore e giudizi politici.
>
> In ogni caso dopo avremo degli uomini coscienti di se stessi, disposti e capaci di prendere in mano il proprio

---

44 *Il doposcuola nei gruppi: Lentini*, in: «Ricerca», anno XXVI, n. 11-12, 30 giugno 1970, p. 17.

45 *Il doposcuola nei gruppi: Lentini*, in: «Ricerca», anno XXVI, n. 11-12, 30 giugno 1970, p. 17.

46 *Il doposcuola nei gruppi: Lentini*, in: «Ricerca», anno XXVI, n. 11-12, 30 giugno 1970, p. 17.

> destino: il che significa concretamente capaci domani di 'farsi' - essi stessi - liberi con gesti politici veri. Siamo certi di servire così (contribuendo, cioè, a creare questa coscienza rivoluzionaria) la nostra fede nella salvezza e liberazione integrale dell'uomo tramite l'Evangelo [...]" [47].

A livello politico gran parte dei fucini si spostò nel corso del 1970 a sinistra, pur rimanendo cattolici. "Ricordo la foto di Mao nella nostra associazione accanto a quella di San Francesco d'Assisi. Era un atteggiamento culturale, non era una militanza partitica" (Cardillo). Pur non militando direttamente nei partiti, i giovani fucini in questa seconda fase hanno idee che li fanno votare alle elezioni per e essere vicini ai partiti della sinistra: Pci, Psiup, Pcd'I, Servire il popolo. Interessante rispetto alle posizioni anche sociali assunte dal gruppo fucino, un articolo pubblicato su «Ricerca» nel 1970, firmato da Filly Ossino - uno dei fucini lentinesi più attivo - e che riferisce della partecipazione del gruppo alle lotte sindacali bracciantili del novembre di quell'anno, per ottenere il rispetto, da parte degli agrari, dei patti precedentemente stipulati nel 1968 e il funzionamento dell'ufficio di collocamento che avrebbe dovuto arginare il fenomeno del caporalato. L'articolo si auto-contestualizza all'interno delle lotte bracciantili del territorio, viene fatta una scelta non solo di argomento ma anche "di campo". A due anni dai "fatti di Avola", mentre la magistratura emette un mandato di comparizione contro i braccianti avolesi accusandoli di violenza e tenta di archiviare l'omicidio avvenuto come "opera di ignoti", il giudizio dell'autore dell'articolo è netto: si tratta "di un atto ricattatorio, di una minaccia tendente a reprimere sul nascere la lotta sindacale. Il che rientra nella logica di violenza del sistema, la quale si esercita a vari livelli e si serve dei mezzi che ha sua disposizione (magistratura compresa)". Di fronte alla situazione di miseria esistente e di inapplicazione di qualsiasi accordo o legge dello Stato, la violenza dei braccianti e dei lavoratori dell'agricoltura viene vista come sacrosanta:

---

47 *Il doposcuola nei gruppi: Lentini*, in: «Ricerca», anno XXVI, n. 11-12, 30 giugno 1970, p. 17.

"La necessità economica che disgrega il nucleo familiare, il trattamento razzista che sono costretti a subire i lavoratori, in tanti casi, sui posti di lavoro e l'insicurezza quotidiana, creano una situazione di violenza che i braccianti vivono sin dalla nascita. E se a questo si aggiunge che alla resistenza degli agrari non si strappa nulla se non con la lotta, ogni giudizio di illegalità e di liberticidio sullo sciopero è solo moralistico.

[...] L'intervento prefettizio (concessione di un certo numero di milioni per i disoccupati) è sintomatico di una incapacità strutturale del sistema a risolvere problemi di fondo. In una società in cui la legge sovrana è il profitto con i suoi rigidi meccanismi economici, ai quali anche l'apparato statale deve sottostare, gli organi statali non possono intervenire se non per tappare le falle più grosse ed inevitabili. Questo intervento risulta essere sostanzialmente solo di copertura, perché tende a colmare superficialmente le contraddizioni del sistema ed a nascondere la subordinazione della politica all'economia [...].

La burocrazia non è solo un modo per far procedere lentamente le cose, ma anche una maniera sottile per eludere certi problemi. Le lotte bracciantili in questo contesto, oltre ai normali aspetti rivendicativi, assumono la caratteristica di controllo sui miglioramenti strappati anche col sangue. Ma il potenziale rivoluzionario che esse esprimono consiste non tanto nel perseguire questi fini, quanto nel creare continuamente situazioni esplosive tendenti a determinare rapporti strutturali sempre più insostenibili, che facciano vacillare l'intera impalcatura agraria come ambito particolare del sistema" [48].

I giudizi presenti all'interno dell'articolo - che per il tono e il linguaggio ci sembra più un "manifesto" politico e rivendicativo che un semplice "pezzo" informativo su una situazione locale - ci sembrano altrettanto importanti del "fatto" in sé della partecipazione dei fucini alle lotte bracciantili e sindacali lentinesi:

---

48 *Da Avola a Lentini* / Filly Ossino, in: «Ricerca», anno XXVI, n. 23-24, 10-13 dicembre 1970, p. 11.

e la pubblicazione su un quindicinale di parte cattolica di un articolo di questo genere (che oggi verrebbe rubricato come "marxista-comunista") ci sembra indicativo del fermento esistente alla fine del 1970 all'interno di alcuni settori giovanili cattolici.

Agli inizi degli anni Settanta monsignor Bonfiglioli volle ricucire lo strappo, e venire a dire messa nella sede dei fucini, fu fatto un altare nella camera da pranzo. I fucini tuttavia, non accettarono la ricucitura.

> "Con l'Università di Catania non avevamo un rapporto così come gli studenti che stavano a Catania. Cioè il Sessantotto noi lo abbiamo vissuto non stando all'interno del movimento studentesco, se non in qualche assemblea dando il nostro contributo. Non eravamo... diciamo: nessuno di noi aveva un ruolo di leader all'interno dei gruppi studenteschi. Però partecipavamo. Io ricordo una cosa - ancora con angoscia: quando passo da piazza Università [a Catania...]. Ricordo una mattina l'arrivo di un gruppo di fascisti con le catene che ci fecero uscire - stavamo facendo un'assemblea -, praticamente ci obbligarono a uscire fuori agitando queste catene, per cui noi del tutto impreparati a qualsiasi scontro di questa natura, eravamo spaventati" (Rossitto).

Mentre la Fuci di Lentini nei fatti compie la propria esperienza separata dalle autorità ecclesiali, Rossitto continua a far parte del gruppo dirigente nazionale (presidente era allora Giovanni Benzoni; presidente nazionale della Fuci femminile era Mirella Gallinaro [49]). "Nel 1973 mi laureai e quindi dovetti lasciare la Fuci" ricorda Rossitto: "più o meno in quell'anno anche gli altri seguirono questo percorso". In questo modo l'esperienza della Fuci di Lentini ebbe termine. "Tutto quello che si è costruito in quegli anni va a finire nel mondo del lavoro" (Rossitto). Certamente, sulla capacità di resistenza e di evoluzione della Fuci a Lentini pesa la stessa assenza di Rossitto a Roma e poi la sua fuoriuscita "naturale". I fucini rimasti non sono capaci di

---

49 Divenne poi moglie di Benzoni.

continuare il processo di rinnovamento interno al cattolicesimo, cercano di inserirsi all'interno del gioco delle correnti della DC [50], ma è un gioco perdente.

Gli effetti della crisi della Fuci furono dirompenti, nel ricordo personale dei protagonisti e nella storia della città. La Fuci nazionale, spostatasi su posizioni di "sinistra", rischiò la chiusura e solo l'intervento di papa Paolo VI impedì la soppressione. La generazione di ragazzi che aveva avuto allora un ruolo nella dirigenza nazionale, ruppe la tradizione delle generazioni cattoliche precedenti [51]: nessuno di loro entrò nella Dc, cosa che ebbe effetti sul rinnovamento interno dei quadri dirigenti di quel partito (con effetti evidenti negli anni Ottanta). Hanno proseguito il loro impegno non politico, ma sociale, nella professione privata e nell'insegnamento. Rossitto è stato uno di questi ragazzi: dopo laureato è entrato nel mondo della scuola [52].

A livello locale la sconfitta della Fuci ha significato l'allontanamento di quell'*intellighenzia* cattolica dal cattolicesimo

---

50 Alcuni di loro appoggiano politicamente Tribulato, contrapposto a Enzo Nicotra.

51 La Fuci, nata grazie a Romolo Murri (X congresso dei cattolici italiani di Fiesole, 1896), aveva avuto come presidenti Aldo Moro (1939-1942), Giulio Andreotti (1942-1944), mentre Montini futuro papa Palo VI nel 1925-1933 aveva ricoperto la carica di assistente ecclesiastico. Per una storia complessiva della FUCI nazionale si rimanda a un lavoro encomiabile ma che si ferma al 1970: *Storia della Fuci* / Gabriella Marcucci Fanello. - Roma : Studium, 1971. Significativamente occorre notare che, appena uscito, il libro fu subito recensito in «Ricerca» (*La storia della Fuci : note in margine al libro di G. Marcucci Fanello* / Fulvio Mastropaolo, in: «Ricerca», anno XXVII, n. 24, 31 dicembre 1971, p. 8-9; e in: «Ricerca», anno XXVIII, n. 1, 15 gennaio 1972, p. 13) con un contributo che sottolineava la radicalità delle posizioni del "padre fondatore" Murri e i suoi conflitti con la Chiesa ufficiale. Per quanto riguarda la Sicilia non ci risultano studi né storie complessive. Un accenno, nel più complessivo contesto della storia dell'Azione Cattolica locale è in: *L'Azione Cattolica a Caltanissetta e in Sicilia dagli anni Trenta agli anni Quaranta* / Angelo Sindoni. - Caltanissetta : Edizioni del Seminario, 1984.

52 Armando Rossitto, nato nel 1944 a Lentini, figlio di un maestro di scuola cattolico che era stato tra i fondatori della Dc a Lentini, e consigliere comunale, da cui si era allontanato all'inizio degli anni Sessanta. Armando, dopo essere diventato consigliere nazionale dalla Fuci, laureatosi in lettere all'Università di Catania ebbe subito la nomina di ruolo, come insegnante, a Frosinone e a Sora, ha partecipato negli anni Settanta alla nascita del sindacato Cgil-Cicl-Uil e alle lotte corporative e per la democratizzazione interna. Tornato nel 1982 a Lentini, ha collaborato alla nascita dell'esperienza della cooperativa Il Trivio. Divenuto preside di una scuola media a Francofonte, si è impegnato nella sperimentazione didattica. Nel 1997 la scuola è stata devastata da ignoti: l'androne, nel quale campeggiava la scritta di don Milani "I care" è stato dato alle fiamme: si è attivata la solidarietà nazionale e delle associazioni anti-mafia. Nel 1993 ha avuto una esperienza politica, partecipando alla campagna politica per l'elezione del sindaco del Comune di Lentini.

(per parte di loro) e dalla Dc locale. "Avevano in mano tutta l'intelligenza, tutta la crema della città e se la sono lasciata scappare" (Cardillo). Con un indebolimento dei quadri politici locali - soprattutto della Dc che costituiva il "naturale" sbocco politico di quei quadri giovanili. Nessuno di quei ragazzi/e entrò nella Dc, quei pochi che fecero una attività politica la fecero in altri partiti.

Racconta Rossitto, che nel 1993 in occasione della sua candidatura per l'elezione del sindaco a Lentini, incontrò un gruppo di cattolici:

> "Delle persone che orbitavano nel mondo cattolico mi chiesero un incontro [...]. La prima domanda che mi fu fatta fu questa: se era vero che io avevo schiaffeggiato l'arcivescovo di Siracusa, monsignor Bonfiglioli. Fu una domanda così... secca, asciutta, fatta all'improvviso, all'inizio, che mi venne da ridere. Mi misi a ridere [...]. C'erano stati contrasti con l'arcivescovo [...] ma mai c'erano stati livelli di scontro che avessero la benché minima caratteristica di violenza, né verbale né materiale [...]. Evidentemente in una parte del mondo cattolico locale la Fuci è stata vissuta così negativamente al punto che la legittimazione della sua chiusura veniva creata con un gesto di violenza così inconcepibile [...]. Questo è significativo, perché era inaccettabile tutte le cose che dicevamo e facevamo allora. Cioè dicevamo che la Democrazia Cristiana era un partito che non rappresentava tutti i cattolici, dicevamo che nella Democrazia Cristiana c'era gente che rubava, che faceva i suoi interessi, che era un partito che non rappresentava i ceti più deboli..." (Rossitto).

I fermenti nella sinistra

La scuola rimane estranea al tessuto sociale della città, ma prepara culturalmente e ideologicamente le generazioni successive. I figli semi-analfabeti dei piccoli proprietari e dei coltivatori diretti mandano i propri figli a scuola, nell'ansia di qualcosa che non è solo desiderio di riscatto economico e sociale, ma soprattutto - nel quadro dei sopravvenuti stimoli e modelli culturali provenienti dall'esterno -, ansia e desiderio che i propri figli non seguino il mestiere e la tradizione della famiglia. I padri non vogliono che i figli diventino contadini, i figli non vogliono fare quello che facevano i padri. Il disconoscimento ha conseguenze di lungo periodo nella storia della città. Nel periodo esaminato, la generazione scolarizzata è la prima, di una certa consistenza, in città. Chi frequenta i licei non partecipa alle lotte del bracciantato e degli operai. Il caso dell'assalto del Liceo Scientifico durante lo sciopero del 1966 è il caso di una reciproca estraneità culturale e sociale tra i due mondi. Si tratta di una estraneità di classe (o di aspirazione di classe). All'interno di un partito come il PCI, i quadri provenienti dal bracciantato o che sono passati attraverso la Camera del Lavoro si differenziano nettamente dai quadri scolarizzati.

I fermenti all'interno della sinistra in questi anni passano attraverso le fasce sociali che approdano alla scolarizzazione di massa. Da questo punto di vista può essere visto come esemplare il caso di Rosario Mangiameli.

La formazione al Liceo

La ripresa del movimento studentesco, attivo in qualche modo nei primi anni Sessanta, avviene in concomitanza con la vicenda della "Zanzara". I cattolici avevano fatto il giornale «Cose nostre», mentre gli studenti di sinistra avevano «L'indipendente di sinistra» che si muoveva più in area socialista. «L'Indipendente» aveva polemizzato (ricorda Mangiameli) contro le scuole private, a Lentini c'era il caso di un Istituto Magistrale privato, dalla dubbia moralità. I professori di sinistra erano divisi generazionalmente: Addamo e altri professori di "sinistra" (Caponnetto, Privitera) condividevano "tutto sommato, il distacco rispetto ai ragazzi e, in fondo, la paura della repressione degli anni Cinquanta" (Mangiameli). Diverso il caso di Antonio Nicosia e Marrelli: questi "erano invece giovani al primo insegnamento [...] che si ponevano già in un modo problematico nei confronti del rapporto con gli studenti, sentivano già il cambiare dei tempi".

Al Liceo avviene l'incontro tra i ragazzi (e le ragazze) provenienti dalla piccola borghesia agraria, e la borghesia professionale legata alla rendita e al ceto delle professioni. Mangiameli proviene dalla piccola borghesia e sente il distacco con i "nobilucci". L'anno scolastico 1967-1968 fa "maturare" il gruppo di studenti cattolici che al Liceo avevano la preminenza, e permette a Mangiameli di riorganizzare il Comitato Studentesco: "riscrissi uno statuto del comitato studentesco [...] assumendomene una specie di paternità politica giacobina e fondammo un giornaletto che si chiamava «Il Gorgia» a stampa: uscì una sola copia, un solo numero, siamo nel '67". Preside era allora Sebastiano Lo Nigro che poi avrebbe insegnato Storia delle tradizioni popolari all'Università di Catania, "democratico ma molto rigido". Lo Nigro era succeduto a un preside di destra, Arturo Mannino. Su quell'unico numero uscito

> "si commemorava Walt Disney, perché era giusto morto mentre noi stavamo stampando il giornale, e c'erano poesie e articoli uno per esempio era intitolato "Nessun uomo è un'isola" di chiara derivazione cattolica, perché io avevo voluto che i cattolici ci fossero e molto presenti... Le firme erano tante [...] io ci partecipavo con una recensione a un film che avevo visto, casualmente, qualche giorno prima [...] si intitolava "America paese di Dio". Era un documentario sull'America, sugli Stati Uniti, molto bello, e quindi mi aveva colpito e avevo pensato di farne la recensione dove si parlava anche della faccenda dell'integrazione razziale [...] poi c'era un articolo sull'Antigone [...] fatto da uno che è poi diventato sindaco, Santino Ragazzi" (Mangiameli).

Del caso «Zanzara» vengono a sapere attraverso due libri bianchi acquistati presso la Libreria Amore (di Lentini). Ma l'impatto più forte del caso «Zanzara» fu a scuola:

> "il preside, che era questo Arturo Mannino, un uomo sicuramente di destra, ex-ufficiale, ecc., ecc. ci riunì e ci fece... ci tenne una concione sull'immoralità dei tempi,

sulla pericolosità [...]. E con una grande volgarità ci intrattenne sulla questione della libertà sessuale stigmatizzandola, naturalmente e insomma ebbero anche un valore pedagogico al contrario, diciamo così [...] anche amici molto più moderati di me vennero infastiditi da questa cosa" (Mangiameli).

Ricorda Mangiameli:

"Il '68 a Lentini comincia con le notizie del '68 [...]. Tv7 fece una serie di trasmissioni sull'argomento [...]. Si organizza un'assemblea [...]. C'era stata qualche tempo prima un'assemblea con Giangiacomo Feltrinelli reduce dal viaggio a Cuba in occasione della morte di Che Guevara, e da allora conservo un manifesto [53 ...]. E parlano gli universitari, raccontano quello che sta succedendo e tutti quanti erano favorevoli ad una protesta, almeno negli aspetti sindacali [...]. Per quanto riguarda l'aspetto politico ci fu chi si lamentò di aver visto all'università a Catania degli *altarini* a Ho-chi-min [Rossitto]. L'anno '68 finì così a Lentini senza grandi ripercussioni, tranne che per me: fu l'anno degli esami di maturità e della vicenda dell'occupazione, della primavera di Praga" (Mangiameli).

Mangiameli ricorda l'assemblea, alla quale parteciparono diversi ragazzi della sinistra universitaria lentinese di allora: Pippo Cardillo, i fratelli Tondo, Armando Anzaldo, Aurelio Borandini. Tra i cattolici e universitari, a esprimere "qualche preoccupazione" c'era Armando Rossitto.

Il Sessantotto sono anche le notizie provenienti da Praga. Anche su questo è nettissimo il ricordo di Mangiameli. I fatti di Praga inquietano, seminano ansia di conoscenza, voglia di averne ragione. Mangiameli ha la tentazione di parlarne con Addamo, la figura carismatica dell'intellettualità marxista della città, che incontra casualmente in quei giorni - rimasto in panne, gli viene

---

53 Il manifesto in questione, siglato UGI, 1967, riporta una frase di Tacito. E' stato da noi visto - debitamente incorniciato e protetto da vetro - appeso nello studio di Mangiameli, all'Università (Scienze Politiche), Palazzo dell'ESA, nel novembre 1998.

dato un passaggio da Moncada e Mangiameli. E' una tentazione che viene subito meno: forte è la distanza generazionale, diverso il linguaggio, diverso l'approccio (Addamo e gli altri intellettuali avevano vissuto i fatti di Ungheria del 1956). L'esigenza è quella del confronto fra pari su un mondo reso più vicino e più accessibile dallo sviluppo dell'informazione (televisione, cinema, giornali, radio). Mangiameli ha di quei giorni anche un secondo ricordo, anche questo indicativo dei sentimenti di quella generazione: in viaggio col padre, sulle strade tortuose di una Calabria ancora senza autostrada, le notizie da Praga sono apprese insieme alla ripetizione di una canzone di Patty Pravo, all'interno del programma radiofonico di "Notturno dall'Italia": rabbia per Praga e fascino della trasgressione, politica e vita sentimentale uniti per sempre nella memoria e nell'immaginario, insoddisfazione per l'una e per l'altra, fascino potente dell'immaginazione evocata dalle notizie e dalle note.

L'Università tra Catania e Lentini

Dopo gli anni del Liceo, è a Catania che avviene per Mangiameli la maturazione politica reale. Mangiameli svolge in quegli anni il ruolo di mediatore politico tra Lentini e Catania. Di contatto tra i gruppi della Nuova Sinistra di Catania e la realtà studentesca lentinese. I suoi primi contatti sono a Scienze politiche, dove incontra Beppe Ardizzone, Franco Migliorino e altri attivi nel movimento degli studenti di quella facoltà.

> "Inizialmente il gruppo politico di riferimento fu l'Unione dei Comunisti marxisti-leninisti che ebbe a Catania nel '69 una grande diffusione perché si innestò stranamente su un preesistente gruppo di giovani dissidenti che erano troskisti. Questi, da troskisti, seguendo una linea nazionale di questo movimento che si chiamava Falce e martello, diventarono stalinisti, con Brandirali in testa che inizialmente faceva parte di questo movimento [...]. Si ebbe questa conversione, avendo anche una certa notorietà le persone che appartenevano a questo gruppo a Catania, Nicola Torre e tanti altri,

> ebbero una loro presenza, una loro visibilità. Chi voleva fuoriuscire dal PCI [...] si rivolgeva a loro.[...] Nel '69 organizzarono quella che chiamarono una *lunga marcia*, cioè un giro per i centri di provincia facendo proselitismo e fu in quell'occasione, io già li conoscevo, che ci incontrammo a Lentini. C'era Antonio Pioletti e passammo un po' di ore a discutere" (Mangiameli).

Lo scontro però con l'ala marxista-leninista, che avvenne subito dopo, si verificò sempre a Lentini:

> "Avevamo organizzato una sezione dove c'erano normalmente disoccupati, persone marginali diciamo, anziani, che non potevano lavorare, che venivano a sentire questa forma di radicalismo giovanile [...], un gruppo consistente di giovani [...]. Io fui accusato di privilegiare troppo l'elemento borghese, cioè studentesco e quindi fui espulso" (Mangiameli).

Rimasero lì tre/quattro persone. Tutto il gruppo, una trentina di ragazzi, che si era organizzato venne fuori insieme a Mangiameli. Rimasero a fare politica finché dopo un anno aderirono tutti al «Manifesto». Anche qui alla base della nascita del gruppo del «Manifesto» a Lentini ci sono le frequentazioni di Mangiameli: Santa Zanghì, Umberto Di Giorgi ecc., e la presenza nella nuova facoltà di Scienze Politiche a Catania che aveva richiamato la presenza di nuovi insegnanti, alcuni che venivano da fuori, anche con esperienze radicali (Alberoni, Candeloro, Francesco Renda Reinei, Cazzola, Catanzaro; mentre Pietro Barcellona che proveniva da esperienze più moderate e interne al Pci, fu spinto su posizioni di critica e di attenzione alla Nuova Sinistra).

> "Non facevamo altro che riunioni e scrivere documenti [...] e riunioni che andavano dalle riunioni preparatorie delle assemblee alle assemblee stesse, dalle assemblee di facoltà a quelle interfacoltà, ecc. ecc.. Era un continuo vivere nella riunione" (Mangiameli).

Il gruppo de «Il Manifesto» ha anche a Lentini un certo seguito, ma non riesce a aggregare le generazioni immediatamente successive.

I gruppi della Nuova Sinistra a Lentini

La vicinanza con Catania comporta uno scambio reciproco tra i due mondi politici. Gruppi della nuova sinistra formatisi nel 1968 catanese guardano a Lentini (oltre che agli altri territori della periferia) alla ricerca di un contatto organico con il mondo del lavoro e delle lotte sindacali. Il gruppo più attivo, nei suoi rapporti con Lentini, è «Falce e martello»: il gruppo catanese compie una serie di visite a Lentini, viene persino fondata una sede e si cerca di penetrare nelle lotte sindacali e bracciantili della zona. Può essere interessante, quale documento dell'epoca il volantino datato 30-4-1968, firmato Falcemartello con invito allo sciopero ai lavoratori delle segherie di Lentini, prevalentemente impegnate nel confezionamento delle cassette per le arance (allora in legno, negli anni Settanta saranno prodotte in plastica):

> "Il primo maggio è la festa dei lavoratori / Il padrone non lavora! / lui vorrebbe tenere la segheria sempre aperta / vorrebbe farvi lavorare. / Ma voi il primo maggio non andrete a lavorare / le segherie rimarranno deserte, le segherie dove voi / lavorate undici ore al giorno e vi pagano poco. / Vediamoci e discutiamo in via Zara 40 il primo maggio alle ore 11 // Segantini / i padroni sono pochi e i lavoratori tanti / tutti i lavoratori uniti contro i padroni! / Lentini 30.4.1968 / Via Zara –40 / Falcemartello" [54].

Ricorda Nino Recupero che di quei tentativi fu uno dei protagonisti:

---

54 Cfr Fondo Archivio Nino Recupero, Cart. 1, fasc. 5 (Biblioteche riunite Ursino-Recupero, Catania).

"Nell'aprile [1968], dovette essere distaccato a Lentini un intero gruppo di persone per seguire la lotta dei segantini, i minorenni supersfruttati addetti alla fabbricazione delle cassette di legno per agrumi; di lì nacque la partecipazione alla lotta degli agrumai interni. Per la carica impressionante di rinnovamento morale, e perfino linguistico, questo ricordo mi emoziona più di quello dei lunghi e faticosi 'interventi' alla SINCAT di Priolo, più di quello delle due sedi aperte nel quartiere di Cibali" [55].

Falce e martello catanese vedeva nella esistenza di una classe operaia omogenea le possibilità di una azione comune in tutta la fascia orientale: da Catania ad Acireale a Lentini, la presenza di segherie faceva pensare a condizioni omogenee e interessi di classe (operaia) comuni [56]. Si tratta tuttavia di tentativi che trovano poco terreno tra i lavoratori e in un ambiente impermeabile all'esterno come quello lentinese, che trovava nella Camera del lavoro locale un efficace strumento di lotta e di organizzazione.

Nel 1972, poco prima della sua fuoriuscita dalla politica attiva e poco dopo le disastrose elezioni politiche che avevano visto la sconfitta nazionale (e locale) dei partiti della nuova sinistra presentatisi divisi [57], Mangiameli incontra un gruppo di ragazzi a Lentini. In gioco è l'adesione di questi ragazzi al «Manifesto» di Lentini, che Mangiameli aveva fatto nascere nel frattempo

---

55 Nino Recupero, in: *'68 che passione* / Salvatore DiStefano. - Catania : Cuecm, 1988, p. 12.

56 Di qui anche i tentativi di analisi economica comparata, di cui il saggio di Giani e Leonardi cit. su «Giovane critica».

57 Il gruppo del Manifesto si presentò allora diviso dal PSIUP, mentre l'Unione dei Comunisti si presentò con lo slogan "un voto per l'insurrezione". Lotta Comunista decise di non presentarsi e di non appoggiare nessuno. Mangiameli ricorda come nella scelta dei candidati per la Sicilia Orientale, furono fatte scelte discutibili: furono presentati personaggi da lui tutt'oggi considerati non adatti: Paolo Pattavina, e il notino Griendi. Mangiameli ricorda in particolare questo Griendi, che si era inventato un suo partito (PRI= Partito rivoluzionario italiano), molto attivo e sempre in giro alle elezioni con la sua vecchia 1100. A causa del "complesso di incapacità di collegarsi al popolo" (Mangiameli) furono individuati questi due candidati, che nel corso delle elezioni si dimostrarono indegni del ruolo, sempre in concorrenza tra di loro e incapaci di stare persino sul palco senza spingersi o litigare su chi doveva parlare per primo. Nella lista facevano parte anche alcuni "lavoratori" che però non si interessarono di fare campagna elettorale. La sconfitta delle elezioni fu molto cocente: in pratica il Manifesto - e i piccoli gruppetti alternativi - sottrasse i voti necessari perché al PSIUP scattasse il seggio.

spostatosi su posizioni maoiste, e «Lotta Comunista» di impostazione rigidamente "leninista". I ragazzi scelgono Lotta Comunista [58] e Mangiameli deve lasciare il campo sconfitto [59].

Lotta Comunista ebbe in quegli anni una certa presenza a Lentini. Ad aderire tra i primi sono Paolo Pattavina e Alfio Aloisi (politicizzatosi dopo una permanenza a Genova). Ne fanno parte, fino al 1974, Paolo Ragazzi, Angelo Magnano, Stefano Bombaci, Enrico Sesto, Cirino Bosco. Di tutti questi, a volte solo occasionali frequentatori del gruppo, a rimanere all'interno di questa formazione saranno - per quel che ci è dato sapere - Paolo Pattavina [60] e Cirino Bosco [61]. Lotta Comunista cercò di incunearsi anche all'interno degli scioperi operai delle segherie: nel dicembre 1973 riescono a organizzare uno sciopero tra i segantini facendo circolare i contratti di lavoro dei segantini del Nord d'Italia tra i lavoratori lentinesi. E' uno sciopero che dura un mese, la prima volta in cui a Lentini i giovani studenti della sinistra non-Pci si vedono organizzare qualcosa assieme ai lavoratori locali, con punte di lotta anche aspre ma che alla fine rientra, in tempo per le festività natalizie.

In quanto alle loro posizioni politiche, i lotta-comunisti a Lentini facevano le funzioni di Lotta Continua, presente in maniera più consistente in altre città siciliane (Palermo, Catania, ma anche Augusta), ma con posizioni più elitarie e gerarchizzate al proprio interno ("leniniste" come si diceva allora).

---

58 Tra quei ragazzi è Stefano Bombaci, che avrà una storia di "quadro" all'interno di Lotta Comunista, e coinvolto quando sarà attuata la repressione del "terrorismo" - Stefano finisce in carcere per una decina di anni, benché non coinvolto in nessun "fatto di sangue" - e dei gruppi della Nuova Sinistra. Contemporanea alla vicenda di Stefano Bombaci e del suo gruppo, è quella dei coetanei che invece scelgono di entrare nel PCI: a quella generazione appartiene Riccardo Insolia - che svolgerà un ruolo politico importante in città fino ai primi degli anni Ottanta, ricoprendo la carica di sindaco e di segretario del PCI -, Sebastiano Cava, Fino Giuliano, Elio Magnano, Arcidiacono e altri. Alcuni di questi sceglieranno di fare la carriera di funzionari (Insolia, Magnano, Arcidiacono). Questa "biforcazione" generazionale viene interpretata da mangiameli come effetto della sconfitta delle elezioni del 1972: da una parte di radicalizzazione *contro* le "istituzioni", dall'altra di consapevolezza della forza (e sicurezza) di un "partito di massa" *dentro* o in posizioni di critica dialettica con "le istituzioni".

59 Nel 1972 Rosario Mangiameli decide di impegnarsi nello studio e di laurearsi. Seguirà fondamentalmente la carriera accademica, fino all'insegnamento di Storia contemporanea all'Università di Catania (facoltà di Scienze Politiche).

60 Paolo Pattavina è impiegato presso l'Ufficio di Collocamento di Lentini. Insieme alla moglie collabora al settimanale locale «La Notizia».

61 Cirino Bosco, politicizzatosi a Genova, svolge (1998) attività di proprietario-benzinaio in una dei punti più centrali di Lentini (vicino l'ex Carmes).

Altro gruppo della nuova sinistra che dopo il Sessantotto appare alle manifestazioni soprattutto liceali, è quello maoista. Oltre a Saro Mangiameli (per poco tempo) c'è Nuccio Cannizzaro [62], che proveniva dalla Fgci e che dà vita a «Servire il popolo»: per un certo periodo di tempo trova momenti di dialogo con la Camera del Lavoro affiancando le lotte da questa organizzate. Anche qui, si tratta di un'esperienza piuttosto breve che non ha influenza sostanziale sulla vita della città.

Conclusioni

Il Sessantotto non riguardò solo gli ambienti studenteschi "di sinistra". La ventata sessantottina attraversò le canoniche e i gruppi cattolici. La struttura reagì bloccando i fermenti. Ciò ebbe conseguenze di lungo periodo all'interno della città.

> "Che non ci sia stato poi una Chiesa che abbia contrastato poi a Lentini il Partito Comunista, la cultura comunista, secondo me è stato un male. Perché dalla dialettica tra queste due culture si poteva vivacizzare la città di Lentini [...]. Questa cosa ha pesato molto sulla città di Lentini, facendola decadere molto dal punto di vista culturale [...]. Mentre in altre parti d'Italia i preti si sono posti il problema dei più deboli, si sono posti anche in contestazione alla gestione del potere così come veniva gestito dalla Democrazia Cristiana. Qui a Lentini non c'è stato niente di tutto questo [...]. La Chiesa di Lentini non è riuscita a essere innovativa, cioè a dare un impulso a quella che era la società civile [...]. Loro non hanno saputo neppure contestare certi atteggiamenti delle amministrazioni di sinistra..." (P. Moncada).

---

62 Nuccio Cannizzaro è morto nell'ottobre 1998. Cultore di musica etnica, ha lasciato un discreto patrimonio discografico. Timido e riservato, gli amici lo ricordano fumatore accanito, sempre rintanato nella stanza della casa dei genitori di via Bricinna. Ne usciva per andare a Catania, frequentare i negozi di dischi e gli amici catanesi dei gruppi della Nuova sinistra.

Nello stesso tempo, fu il momento angolare di una generazione che a Lentini ebbe un connotato anche di classe specifico. Sia che l'appartenenza si coagulasse attorno a una ideologia cattolica o a una ideologia marxista, a Lentini fu la prima generazione che studiava nella classe di appartenenza (piccoli possidenti, commercianti, impiegati). Essi costituivano, di necessità, un gruppo chiuso, e un gruppo che imitava modelli borghesi (la festa, il mare, le uscite) e in cui tutti erano o in fase di corteggiamento o in relazioni di coppia. relazioni tutte assolutamente "segrete", quindi impacciate, colme del peso della responsabilità della "prima generazione che studia" che ambisce ad uno status diverso da quello di provenienza. Sono "futuri" medici, avvocati e soprattutto insegnanti. Tutto quello che succede in città, oltre ai libri, ai film e alla musica, è oggetto di interminabili discussioni. Vi è una tendenza alla libertà intellettuale, che trova pesanti limiti sociali. Nel caso di Mangiameli, un ricordo ancora vivo: l'ingenua confessione della frequentazione della Camera del lavoro costa al ragazzo, allora sedicenne, due ore di inginocchiamento al confessionale del prete (padre Castro). Domina pesante il clima sessuofobico, che enfatizza il rapporto. L'università, la "fuoriuscita" significa per alcuni di questi ragazzi il poter venire a contatto non solo con "la città" ma soprattutto con la possibilità del viaggio e del contatto con il mondo. E' un rapporto arricchente, che potrebbe aprire nuove possibilità e sviluppo a tutto il territorio. La sconfitta duplice di quella generazione (cattolica e di matrice marxista) e l'imminenza della crisi agrumicola, hanno bloccato a Lentini e in tutto il territorio limitrofo il processo di modernizzazione e di sviluppo [63].

---

63 Si ringraziano coloro che ci hanno aiutato nel corso di questa ricerca. In particolar modo i testimoni che ci hanno concesso le interviste (registrate): Saro Mangiameli, Nino Recupero, Armando Rossitto, Luigi Boggio, Elio Cardillo, Pippo Moncada. Per le notizie personali riportate nelle note, ci siamo limitati a riportare solo ciò su cui avevamo autorizzazione diretta e le informazioni pubbliche (incarichi pubblici in amministrazioni ed enti ecc.).

Ringraziamenti

Si ringrazia il personale e la direttrice della Biblioteca Ursino-Recupero di Catania per averci permesso la consultazione dell'Archivio Nino Recupero e per l'assistenza.

Ringraziamo tutti coloro che abbiamo incontrato nel corso di questa ricerca - si tratta di un centinaio di persone -, che ci hanno fornito testimonianze e indicazioni. In particolare vogliamo ringraziare: Luigi Boggio, Pippo Moncada, Elio Cardillo, Armando Rossitto, Stefano Bombaci, Neddu Cava.

Questo libro e questa ricerca non sarebbero stati possibili senza Carmelo Adagio e Simona Urso. Indispensabili indicazioni e incoraggiamento li dobbiamo a Rosario Mangiameli.

Appendice

Introduzione a "I Sessantotto in Sicilia"

A **Catania** la notte tra mercoledì 28 e giovedì 29 febbraio 1968, una ventina di studenti si barricano dentro il palazzo centrale dell'università. L'occupazione durerà una settimana. Sarà seguita da altre occupazioni e da una fase di agitazioni nelle facoltà che dura almeno fino alle elezioni politiche del 72. Il Sessantotto catanese vedrà la partecipazione di un gruppo di "giovani di sinistra" con funzione d'avanguardia rispetto alla massa degli studenti, in un contesto dominato dal sistema democristiano e socialista di Nino Drago e Fagone, costituenti un blocco organico con i "cavalieri del lavoro"; e che nel 1971 avrebbe dato un contributo nazionale alla politica italiana divenendo la città "più nera" d'Italia.

A **Palermo** la facoltà di Lettere viene occupata nel febbraio '68. A marzo seguono le occupazioni di Scienze e di Architettura. Nello stesso marzo 1968 si forma l'Interstudentesco tra le scuole medie e vengono occupati tre istituti.

Lotta alla mafia a partire dal grave problema dell'edilizia scolastica , autonomia del movimento studentesco, sperimentazione di forme di coordinamento (collettivi e interstudentesco) caratterizzano alcuni anni a cui possiamo anche qui porre il termine del 1972 (anno del rapporto di Lotta Continua sulla Destra fascista a Palermo [64]).

A **Messina** a partire dal Sessantotto si ha un duplice processo: mentre da una parte il ceto baronale universitario si impegna in una interna lotta per il potere, che porta al predominio delle facoltà di medicina [65] dall'altra la gestione ordinaria e quotidiana dell'Università viene demandata ad un sottoproletariato che garantisca la fedeltà al potere e la non intromissione negli affari interni finanziari. Messina ha il privilegio di conoscere, più che le altre università siciliane, il dominio militare dei gruppi neofascisti

---

64 *Rapporto sui fascisti a Palermo* / Lotta Continua. - 1972.

65 In ballo ci sono i finanziamenti per il Policlinico che diventerà a partire dagli anni Settanta l'ente appaltatore più importante di una provincia che vede provenire i finanziamenti e gli investimenti solo dagli Enti pubblici.

(occupazione del rettorato nel marzo 1969; occupazione della Casa dello studente).

Nel 1967-1968 anche la **Sicilia**, con le sue tre sedi universitarie (Palermo, Catania e Messina) fu "investita" dall'ondata di occupazioni e manifestazioni che nel resto dell'Italia ha interessato le università e le città universitarie. Ma il caso Messina ci avverte subito che, all'interno di movimenti studenteschi comuni al resto d'Italia, in Sicilia c'è qualcosa che diverge dal quadro. La Sicilia vive il Sessantotto (la fase delle lotte studentesche che vanno dal 1967 al 1972) nella complessità di una regione che non ha caratteristiche unitarie, né per storia né per evidenze e manifestazioni sociali. Cogliere il Sessantotto in Sicilia e procedere allo studio storico e all'analisi significa avere a che fare con un quadro estremamente diversificato. Per questo preferiamo parlare qui di studio e tentativo d'analisi di "casi" e non di un unico fenomeno globale regionale.

Quando, nel 1997, siamo partiti con il nostro lavoro di ricerca, sapevamo molto poco del movimento studentesco siciliano. Man mano che abbiamo proceduto, contattando protagonisti, scovando memorie e pubblicazioni in cui (soprattutto in occasione del ventennale) alcuni avevano proceduto a una prima operazione memorialistica, abbiamo scoperto una realtà molto più complessa di quella che ci attendevamo. Questo nostro lavoro può considerarsi un primo tentativo di cogliere la realtà del movimento nell'isola dal punto di vista unitario, e secondo una metodologia storica che, crediamo, supera il limite della parzialità memorialistica. Mentre per altre aree territoriali si è prodotta una vasta memorialistica e persino una produzione di carattere storico sui movimenti sociali e politici negli anni del Sessantotto, per la Sicilia riteniamo non esista una ricostruzione d'insieme e spesso neppure parziale. Si è trattato allora di impostare una prima raccolta di dati e una prima riflessione.

Già alla fine del 1997, facendo un primo punto di verifica sulla nostra ricerca, formulavamo alcune domande.

Cosa fu il movimento studentesco che tra il 1968 e il 1969 ebbe le sue manifestazioni anche in Sicilia? Movimento *studentesco*: movimento di difesa corporativa, tutto interno ai bisogni di una categoria, quella legata al mondo della scuola - e c'erano sicuramente alcuni che transitavano già verso il mondo accademico o comunque si erano posti la ricerca universitaria quale sbocco personale di vita, che avevano questa tendenza -? O Movimento borghese, fatto da borghesi che vogliono una modernizzazione borghese della società - all'interno di una modernizzazione difficile come quella degli anni Sessanta e della "guerra fredda" in cui si affrontano sul campo borghesia reazionaria, borghesia statunitense, borghesia filo-sovietica ecc. -? O, ancora, movimento del ribellismo borghese, la "fronda" o gli "scapigliati" "maudit" borghesi? O movimento politico anti-borghese, che usa i problemi della scuola e dell'università come momento di lotta e di unificazione dei bisogni di una massa non ancora politicizzata, la fa transitare alla politica di opposizione attraverso la dimostrazione della impossibilità della riforma all'interno della società. I problemi della scuola sono allora problemi strumentalizzati da queste fazioni (le "avanguardie comuniste")? Il 68 come specchio della trasformazione borghese in atto, e dei problemi che non risolve - dunque i fatti dell'università come momento specifico, ma che rimandano ad altro -? Il solito mix di tutto questo?

E, ancora, che caratteristiche ha avuto in terra di Sicilia? E' stata una 'imitazione' pedissequa e modaiola di manifestazioni, atteggiamenti, movimento "di riporto", oppure ha avuto una sua specificità? Come si ponevano i ragazzi del movimento in quegli anni, qual era la loro posizione nei confronti non solo dei problemi della scuola, ma dei problemi specifici del mondo del lavoro e della produzione? Che grado avevano di comprensione dei mutamenti e delle trasformazioni in atto nell'isola, qual era la loro dimensione? Cosa pensano oggi quei "ragazzi", di se stessi di allora e di se stessi di ora. Che visione riusciamo a darne noi oggi, che non apparteniamo a quella generazione e che viviamo una fase storica altra?

E ancora, quali "categorie" ci spingono a formulare, provare, verificare, quei movimenti e quelle esperienze. Cosa ci svelano di noi? La sfida del fare ricerca e storia contemporanea deriva dal diverso rapporto che si ha tra se stessi, le proprie categorie mentali, il proprio mondo, e l' "oggetto" storico, che in ogni momento trasborda, ti coinvolge, richiama un dissidio che è proprio di una storia che non è del passato, non è "finita", ma che ha chiare manifestazioni anche nel nostro oggi. Una storia politica, perché coinvolge direttamente categorie ideologiche e soprattutto finalità polemiche dirette. Trent'anni di distanza possono bastare a riuscire a transitare da uno stadio di contingenza polemica a una acquisizione "scientifica" di dati, informazioni, interpretazioni? Su quest'ultimo punto abbiamo ipotizzato una risposta negativa: no, trent'anni sono pochi. E tuttavia sono sufficienti per un altro tipo di lavoro, che ci appartiene maggiormente, se non altro per questioni "generazionali": noi siamo forse la prima generazione di "storici" che può guardare ai fatti del Sessantotto senza esserne stati coinvolti direttamente, senza reducismi né polemiche di retroguardia. La vicinanza generazionale nello stesso tempo ci permette forse di "comprendere" linguaggi e forme di pensiero che non sono più parte dell'attualità di questo mondo che ha attraversato il 1989.

Un approccio da parte nostra alla storia del Sessantotto, si inquadra poi nell'ambito dell'attenzione che ci siamo posti rispetto ai movimenti e alle forme di azione collettiva [66] che hanno attraversato la società europea ed italiana. Ma con particolare riferimento ai riflessi e alle specificità culturali proprie di una "regione" come la Sicilia, in cui i movimenti della modernizzazione si scontrano in maniera determinata con forme e tensioni sociali e economiche pre-esistenti.

Le difficoltà di ricerca sulla storia contemporanea, oltre alle difficoltà proprie di una ricerca che vede il proprio materiale d'oggetto in evoluzione, riguardano anche l'assenza e l'incuria in cui versano molti archivi pubblici che potrebbero in Sicilia svolgere un ruolo diverso. Poche (ma preziosissime) le eccezioni. L'Università, riguardo alla storia contemporanea e in particolare sulla storia della Sicilia, potrebbe svolgere un ruolo decisivo.

Il nostro approccio si inquadra nell'ambito dell'attenzione che ci siamo posti rispetto *ai movimenti e alle forme di azione collettiva* che hanno attraversato la società europea ed italiana dopo il 1945. Ma

---

66 Cfr.: Ginsborg96, che dedica al 1968-1973 il titolo del cap. 9, "L'epoca dell'azione collettiva", p. 230 e segg.

con particolare riferimento ai riflessi e alle specificità culturali proprie di una "regione" come la Sicilia, in cui i movimenti della modernizzazione si scontrano in maniera determinata con forme e tensioni sociali ed economiche preesistenti. Tenendo conto che il 1968 è in Sicilia l'anno del Belice e degli scontri nelle campagne tra braccianti e forze dell'ordine, e quindi nel quadro di un'analisi storica della Sicilia che vede la regione in quegli anni attraversare un periodo di trasformazione, con decise chiusure sul piano politico (dopo l'esperienza del "milazzismo") e speranze di fuoruscita dal sottosviluppo (le indicazioni di un economista come Sylos Labini in un'inchiesta pubblicata nel 1967 e condotta proprio all'Università di Catania in quegli anni [67]). Sul piano sociale assistiamo alla decisa immissione studentesca del ceto medio nell'università e i mutamenti di costume e di mentalità legati al primo consumismo e ai modelli culturali provenienti dal "continente" (con precise conseguenze sul distacco tra giovani e anziani, e il primo emergere di una soggettività femminile).

Quattro casi per quattro città

La nostra ricerca analizza il movimento studentesco nel contesto di tre territori urbani e universitari (Palermo, Catania, Messina) siciliani. E il movimento studentesco che viene a consistere in una città periferica, non universitaria, attraversata da grosse tensioni e contraddizioni sociali interne, come Lentini e il suo territorio a carattere rurale (agrumaio).

Si tratta di contesti sociali diversi, di "storie" diverse. Esistono degli elementi comuni: la formazione ad esempio di gruppi di ragazzi che hanno vissuto l'esperienza delle manifestazioni antifasciste del 1960 (a Palermo e a Catania ci sono anche dei morti, a Messina ci sono manifestazioni). Da quei ragazzi proviene la generazione siciliana dell'UGI che ha impostato per tutti gli anni Sessanta, fino al 1967, le lotte studentesche all'interno delle università. Sono ragazzi che hanno una presenza anche culturale nella città: ad esempio il CUC di Catania (da cui nascerà l'esperienza di «Giovane Critica», rivista che avrà respiro nazionale

---

67 Problemi dell'economia siciliana / a cura di P. Sylos Labini. - Milano : Feltrinelli, 1966.

proprio negli anni considerati). E che cominciano a formarsi al di fuori delle tradizionali organizzazioni della Sinistra storica (Fgci): nei circoli e nei gruppi di una Sinistra che inizia un percorso di elaborazione ideologico di critica anti-autoritaria: così il circolo Pintor a Catania o il gruppo di Mario Mineo a Palermo. La generazione dei ragazzi formatisi con i "fatti del 1960" (e che compongono il quadro del Pre-Sessantotto nelle città universitarie siciliane) si salda a quella dei ragazzi che "fanno il Sessantotto". Fra i temi comuni alla protesta giovanile e studentesca emergono i tentativi di collegarsi con i problemi del territorio sia sul terreno dell'analisi politica che su quello dell'organizzazione della lotta (a Catania gli edili, i braccianti di Lentini, il problema del polo chimico di Priolo e Gela, a Palermo il problema del cantiere navale, della casa, della lotta alla mafia).

Il 1969 rappresenta per le tre città universitarie un salto di qualità nello scontro con la Destra fascista. Nel caso della città non-universitaria, lo scontro tra fermenti di rinnovamento e dominio delle strutture sociali conservatrici vede i "modernisti" sostanzialmente perdenti.

La frammentazione dei gruppi della nuova sinistra (sono presenti a partire dal 1969 tutte le "sigle" nazionali : Pcd'I, Lotta Continua, Servire il popolo, Movimento Studentesco ecc.) non favorisce un approccio e un contrasto unitario a una Destra che nel 1972 si affermerà in Sicilia con la vittoria alle politiche. I gruppi della nuova sinistra e i "modernisti" cattolici non riescono a penetrare all'interno delle organizzazioni "storiche", a portarle su posizioni più moderne e avanzate: finiranno per estinguersi progressivamente mentre la società nel suo insieme vivrà un processo di sclerosi e cristallizzazione - delle classi dirigenti come dei riti quotidiani.

La Sicilia negli anni Sessanta

L'economia

La Sicilia negli anni Sessanta è interessata da una serie di fenomeni e processi molto diversi, che investono tutti i campi della vita civile e culturale, e che solo in prima approssimazione possono essere etichettati sotto il segno di una dialettica in atto, uno scontro, tra trasformazione e conservazione. Gli stessi eventi che nel 1967-1969 che accadono in terra di Sicilia e che attirano l'attenzione dell'opinione pubblica nazionale italiana (attraverso i suoi giornali e mass-media) sono visti come segno di questo scontro in atto: così i "fatti di Avola" o il terremoto in Belice. I moti di contestazione studentesca delle università siciliane in quegli anni, nelle scuole medie superiori, e a partire dal 1969 nel tentativo di legarsi con le lotte contadine ed operaie, mostrano i segni di questo scontro che è composto e complesso.

> "Il decennio 1956-65 ha visto in Sicilia il più ambizioso e velleitario protagonismo politico coincidere con quella 'crisi del modello', e capitalistico e sovietico insieme, che si consuma nel 1956; la presunzione, alimentata all'inizio degli anni '60, di costruire e sperimentare in Sicilia un modello indigeno per dar corpo all'autonomia [...], si esaurì in una risposta debole e incoerente alla 'sfida meridionalistica'. L'apparato, di burocrazia regionale e degli enti economici, pensato in funzione di un piano di sviluppo, in assenza di forze sociali in grado di riconoscersi nei suoi obiettivi, e per la crescente sfiducia nel politico capace ci controllare il cambiamento, identificò il proprio ruolo nella tutela ed espansione dei suoi privilegi di corpo: e pertanto si atteggiò per un verso a duttile strumento di un ceto politico, che lo corruppe e ne fu corrotto, e per l'altro diventò il portatore più convinto del regionalismo 'sicilianista'" [68]

---

68 Giar87, p. 641.

La Sicilia negli anni Sessanta viene vista da uno dei migliori economisti dell'epoca, Paolo Sylos Labini, come una Sicilia divisa in due: una occidentale e una orientale, caratterizzate da strutture economiche diverse. Siamo nel corso degli anni 1959-1962, e Paolo Sylos Labini (prof di Politica dell'economia nell'Università di Catania) dirige una inchiesta sull'economia della Sicilia insieme a un gruppo di giovani collaboratori [69]. L'obiettivo è "la comprensione dei problemi fondamentali dello sviluppo siciliano e per l'azione di politica economica da intraprendere" [70]. Secondo Sylos Labini infatti "La Sicilia è ora in un delicato stadio di transizione: uno stadio intermedio tra la completa arretratezza e un processo di sviluppo capace di sostenersi da sé" [71]. Centrale è per Sylos Labini lo sviluppo dell'industrializzazione. Egli parla di

> "due Sicilie, di due diverse società. Zone con aziende industriali moderne (per lo più piccole ma anche grandi) si possono trovare nella parte orientale, mentre mancano quasi del tutto in quella occidentale. Nella prima troviamo le più importanti trasformazioni agrarie. Qui il commercio è relativamente più sviluppato e le forme più odiose di sfruttamento dei piccoli contadini da parte degli speculatori e degli intermediari, così comuni nella parte

---

69 L'inchiesta condotta da Paolo Sylos Labini sarà pubblicata nel 1966 da Feltrinelli (Sylos66) in un volume di più di 1500 pagine. L'inchiesta era divisa in 4 parti: popolazione occupazione e salari, con saggi di Andrea Saba e Sebastiano Solano (Lineamenti dell'evoluzione demografica ed economica della Sicilia dall'Unificazione ad oggi), Andrea Saba (Movimenti della popolazione e struttura economica), Ester Damascelli e Lorenzo D'Agata (Movimenti migratori), Maria Clara Tiriticco (Occupazione e salari nell'agricoltura e nell'industria); agricoltura e industria, con saggi di Ferdinando Buffoni (Tendenze dell'agricoltura), Franco Gallo (L'evoluzione dell'industria dal principio del secolo ad oggi. L'artigianato nella situazione industriale siciliana); questioni speciali, con saggi di Salvatore Assenza (L'industria elettrica 1947-1960), Romolo Flaccomio (La zona industriale di Catania), Piero Nucci (Credito ed usura), Ignazio Papale (Armamento e pesca), Andrea Saba (Il mercato agrumario nella Sicilia orientale e nella Sicilia occidentale); problemi di sviluppo, con saggi di Vittorio Ottaviano (L'assunzione del personale da parte della Regione), Paolo Sylos Labini (Il problema dello sviluppo industriale nella particolare situazione siciliana. La determinazione del contributo di solidarietà nazionale a favore della Regione Siciliana), Franco Leonardi (Operai nuovi : studio sociologico sulle nuove forze del lavoro industriale nell'area siracusana), Francesco Indovina (La scuola in Sicilia : sviluppo scolastico e sviluppo economico).

70 Sylos66, introd. p. V; cit. da Giar86, p. 308 e segg.

71 Sylos66, introd. p. V.

> occidentale, sono relativamente rare. Infine troviamo la 'mafia' solo nelle provincie occidentali, non in quelle orientali" [72].

E ancora:

> "Oggi le condizioni per un vero e proprio processo di sviluppo sono molto più favorevoli nella parte orientale che in quella occidentale della Sicilia. La via da seguire è di accelerare quei cambiamenti istituzionali che fino ad ora hanno avuto luogo in modo troppo lento e limitato. Questi cambiamenti dovrebbero riguardare soprattutto l'agricoltura, [...] attraverso quel poderoso strumento di trasformazione sociale che è l'industria moderna; e, naturalmente, dovrebbero essere accompagnati dal rafforzamento e dall'estensione delle strutture scolastiche che oggi sono carenti in tutta la Sicilia" [73].

Per Sylos Labini, la riforma agraria era stata attuata limitatamente e su terre molto povere. I maggiori progetti erano stati attuati, in maniera frammentaria, solo da pochi proprietari, "fortemente sussidiati dallo Stato o dalla Regione" [74]. Occorreva invece un intervento pubblico, nell'irrigazione e nella riorganizzazione dei mercati e nell'assistenza tecnica, e con

> "una politica tendente a promuovere l'unificazione dei piccolissimi fondi in grandi unità produttive ed una politica vigorosa per organizzare cooperative ed altre associazioni fra i produttori" [75].

Nel settore industriale, Sylos Labini registra le difficoltà delle aziende che invece avrebbero potuto svilupparsi secondo

---

72 Sylos66

73 Sylos66

74 Sylos66

75 Sylos66

tradizioni produttive locali: dall'artigianato, all'industria tessile a quella alimentare. La progressiva scomparsa dei piccoli artigiani, mentre i tentativi di aziende più grosse falliscono perché sconfitte dalla concorrenza delle merci del Nord e di altri paesi, che producono in maniera più efficiente e standardizzata, e impongono i prodotti tramite le campagne pubblicitarie.

Rispetto agli economisti che individuavano nelle industrie a bassa intensità di capitale quelle da privilegiare nei paesi sotto-sviluppati, Sylos Labini indicava invece che "la priorità deve essere data alle industrie capaci di provocare i più ampi effetti collaterali e verticali, quale che sia la loro intensità di capitale": es. Siracusa, Gela, Ragusa dove si aveva non meno di 25 milioni per addetto, mentre a Catania si era sui 2 milioni per addetto (con intensità di capitale dunque molto bassa). Sylos Labini e il gruppo di collaboratori sono già in grado nel 1966 (data di pubblicazione ufficiale della ricerca) di vedere gli effetti dell'industrializzazione nelle aree dei nuovi complessi manifatturieri e minerari, soprattutto a spiegare quello che sarà evidente solo dopo: il fatto che i nuovi operai sono consumatori, ma di beni che provengono dal settentrione (l'offerta locale non è in grado di soddisfare il consumo dei nuovi stipendi e dei nuovi modelli), che si riesce a creare un indotto industriale solo dove le grandi industrie hanno bisogno di beni e servizi esterni, mentre a Catania, essendo imprese medie e piccole, non provocano indotto.

Il quadro economico che si ha davanti, è di una regione in profonda trasformazione, con un ruolo forte giocato da Stato e ente pubblico (Regione) [76]. Lo stesso bilancio economico regionale riguardante il settore dell'agricoltura e foreste, passa dal 40,5% (1952), al 28% (1959), al 17,8% (1970), mentre il settore industrie commercio trasporti e credito passa dal 36,5% (1952), al 46,5% (1959) [77] con tendenza alla crescita negli anni e decenni successivi. Tuttavia la riforma agraria, pensata nella cultura

---

76 Nelle tabelle pubblicate in *Notizie sulla congiuntura economica siciliana. Consuntivo 1966*, pubblicato a cura del Centro Studi della Cassa di Risparmio V.E. per le Province Siciliane (Palermo) nel 1967 si può desumere l'incidenza dello Stato e della Regione, soprattutto per quanto riguarda le opere pubbliche. A p.18, risultano per il 1965 lavori eseguiti per 35,5 mld finanziati dallo Stato contro i 6,7 mld finanziati senza interventi statali (totale 42,2 mld); nel 1966 si hanno opere pubbliche per 64,6 mld finanziati dallo Stato e 6,8 mld senza finanziamenti statali (totale 71,5 mld).

dell'epoca come cardine di ogni struttura economica e base per la pianificazione degli altri settori economici, anche se ha avviato delle trasformazioni nel medio e lungo periodo, fu attuata male e mantenendo privilegi e domini tradizionali. Il mutamento è reale [78], ma non nella direzione di un ammodernamento capitalistico delle campagne: la riforma infatti

> "in Sicilia è stata attuata limitatamente e, di regola, su terre molto povere" [79]

Il quadro che si deriva da altre fonti, non di studiosi [80] ma politici, e dunque legati in parte alla polemica contingente e con taglio pamflettistico, con il rilevamento delle commistioni tra riforma, "blocco agrario" e metodologie di dominio mafiose, è più inquietante e riteniamo più vicino alla realtà [81]. La lentezza di

---

77 Renda76, p. 693-694.

78 In questo senso vedi Renda76, p. 692-94, che tende a cogliere gli aspetti di mutamento: "Nella transizione dagli anni '50 agli anni '60 avviene nella campagne un mutamento radicale quale mai si era avuto nel passato; entra in crisi definitiva, cioè, una economia agricola di sussistenza, fortemente caratterizzata dalla sovrabbondanza di mano d'opera contadina e quindi dalla sottoutilizzazione della forza-lavoro agricola. In sua vece si afferma o tende a essere prevalente una economia agricola di mercato con un crescente ruolo dell'azienda trasformata. Questo passaggio [...] ha sconvolto antichi equilibri, [...] dato luogo ad uno sviluppo isolano molto diseguale e assai contraddittorio, creando zone di trasformazione molto importanti e zone di desolato abbandono che coinvolge popolazioni di interi territori [...]. Un ruolo fondamentale [...] ha avuto e continua ad avere lo Stato".

79 Sylos66

80 Occasione mancata di una migliore comprensione della realtà economica e politica della Sicilia di quegli anni ci sembra il saggio di Salvatore La Francesca (Lafran77) nella poderosa *Storia della Sicilia* coordinata da Rosario Romeo.

81 Scrisse Pio La Torre: "Dopo un ampio dibattito, l'Assemblea regionale siciliana, il 27 dicembre 1950, approvò l'importante legge di riforma agraria che oltre a fissare il limite delle proprietà terriere a 200 ettari, imponeva agli agrari alcuni vincoli per la trasformazione delle terre che restavano di loro proprietà. Ma quella legge, varata in un clima drammatico, doveva essere apertamente sabotata e restare per cinque anni senza attuazione. Fu scatenata dagli agrari siciliani un' 'offensiva della carta bollata' per bloccare l'attuazione della legge. Ma quell'offensiva potè avere successo perché il governo regionale presieduto dall'on. Restivo fu ben lieto di assecondare la manovra degli agrari e dei loro avvocati. Intanto gli avvocati degli agrari erano noti esponenti della Democrazia cristiana siciliana come il prof. Gioacchino Scaduto (allora sindaco di Palermo), il prof. Pietro Virga (allora assessore ai lavori pubblici del Comune di Palermo), il prof. Lauro Chiazzese, rettore dell'Università, presidente della Cassa di Risparmio V.E. per le province siciliane, e segretario amministrativo della DC, il prof. Orlando Cascio, uomo di fiducia del ministro Mattarella. Queste personalità, presentando i ricorsi degli agrari, erano in grado di influenzare fortemente l'attività dell'assessorato regionale all'agricoltura

attuazione stessa della riforma (segno del potere degli agrari ma anche del loro decadimento o spostamento [82]) permette agli interessi del 'blocco agrario' di spostarsi progressivamente su altri settori di sviluppo (come quello della speculazione edilizia), innestando qui i cardini del nuovo potere dei ceti dominanti.

Se tuttavia gli anni Cinquanta saranno dominati dal problema dello sviluppo agrario, negli anni Sessanta si porrà in

---

e dell'Ente di riforma agraria. Il personale dell'assessorato dell'agricoltura e quello dell'Ente di riforma agraria, d'altro canto, era stato assunto con i peggiori metodi del clientelismo privilegiando alcuni rampolli delle più note famiglie mafiose. Le connivenze, pertanto, diventarono un fatto normale. Solo così si spiega il fatto che per ben 5 anni gli agrari riuscirono a bloccare l'attuazione della riforma. Nello stesso tempo venne attuata una colossale truffa nei confronti dei contadini siciliani con l'operazione vendita delle terre, in violazione della legge di riforma agraria. Protagonista di questa operazione doveva essere la mafia. Le relazioni presentate dalle federazioni comuniste di Caltanissetta, Agrigento e Trapani nel 1963 [...] documentano gli episodi più significativi di questa grande truffa. La relazione della federazione comunista di Caltanissetta documenta come in quella provincia, negli anni successivi all'approvazione della legge, siano stati venduti circa 20.000 ettari di terra" (Mafia76, p. 35-36). Sulla influenza della mafia sulla politica: "nel periodo della 'mafia agricola' le più importanti cosche mafiose della Sicilia occidentale confluirono nel sistema di potere della DC. Ciò spiega la loro potenza e come riuscirono prima a bloccare la riforma agraria e poi a svuotarla largamente con l'operazione vendita delle terre. Ciò spiega anche l'inquinamento della pubblica amministrazione. L'Ente di riforma agraria, i consorzi di bonifica, i consorzi di irrigazione, ecc. erano in mano alla mafia" (Mafia76, p. 39). E' da notare che l'orizzonte di realtà costituito dal dominio mafioso rimane fuori dal campo di osservazione di Giar87.

82 In questo senso vanno lette, a nostro avviso, le intelligenti notazioni del socialista Simone Gatto (lettera a "Lo Spettatore italiano" maggio 1955; poi in Lo Stato brigante, Trapani 1977, p. 64-73, cit. Giar87, p. 619-620): "Il blocco agrario non ha più la compattezza, politica ed economica, che aveva ricostituito negli anni tra il 1948 e il '50. Il fatto stesso che la riforma agraria abbia potuto avere attuazione, sia pure molto limitata, indica che esso non ha potuto continuare a tenere unite le forze politiche che lo rappresentano in una situazione di immobilismo, sulla base comune della conservazione delle strutture. Ad un certo punto per poter mantenere in funzione il monopolio della direzione politica dell'isola, ha dovuto cedere su alcuni punti fondamentali, tra cui l'effettuazione degli scorpori [...]. La DC può ancora contare su quella parte del blocco agrario che, avendo ormai dato per scontata l'applicazione più o meno differita della riforma agraria, punta ora su altre possibilità di profitto ancora legate alla terra [...]. Un altro settore del blocco agrario che rimane legato al partito di maggioranza è costituito da quei gruppi che hanno ritenuto conveniente investire in appalti di lavori pubblici, per il più alto margine di profitto e per la maggior possibilità di una diretta agevolazione da parte degli organismi politici e regionali. Insieme con il sorgere di nuove imprese edilizie nelle zone più interne dell'isola e all'instaurarsi di rapporti 'precapitalistici' in questo nuovo settore dell'industria edilizia, si è venuta configurando una cosiddetta 'mafia degli appalti', destinata ad affermare i sistemi del feudo, sia nei rapporti tra imprenditore e manodopera che in quelli tra appaltatore e sub-concessionario. Un antagonismo tra mafia del feudo e mafia degli appalti è stato alla base di clamorosi contrasti tra alti esponenti della DC durante la campagna elettorale del '53".

Sicilia il problema dello sviluppo urbano e industriale. La nascita delle industrie di trasformazione del petrolio e chimiche concentrate nei poli di Priolo e Gela, susciterà grandi speranze di un'isola inserita nel pieno dello sviluppo occidentale e capitalistico europeo. Speranze presto deluse dal tipo di scelte effettuate, dipendenti tutte dalla decisione politica pubblica. Si effettuano i primi investimenti, ma poi tutto viene bloccato a metà, non si prosegue nella pianificazione di quello sviluppo. La stessa domanda di beni di consumo che deriva dalla nuova occupazione operaia in queste aree, e nelle aree urbane di Palermo, Catania, Messina interessate indirettamente dalla modernizzazione, è diretta verso beni di consumo di provenienza esterna, che non porta a stimolare la nascita di aziende locali [83].

Nel 1962 si procede a una mini-riforma del governo regionale [84], che in parte è un momento di razionalizzazione - si passa a dieci il numero degli assessorati, si precisano meglio funzioni e ruoli di presidente, assessori regionali ecc. - ma porta anche alla creazione di un apparato burocratico regionale:

> "Si passa così da 200 a 1000 dipendenti, che presto diventeranno 1450; e ad essi già la legge regionale n. 11

---

83 Ci si riferisce alle aziende di produzione alimentare e tessile, ad esempio, stroncate dalla concorrenza delle aziende del nord-Italia. Mentre per quanto riguarda i consumi vale quanto sottolineato da Franco Leonardi, in Sylos66: "La domanda pei prodotti poveri cresce poco o non cresce affatto; cresce invece in misura sensibile la domanda di prodotti ricchi (specialmente latte, e latticini, carne, zucchero; anche frutta e ortaggi). Ma [...] quelli ricchi sono prodotti localmente solo in quantità limitate. Inoltre molti di questi prodotti sono confezionati ai tipi standardizzati dalle industrie del Nord [...]: di conseguenza, una parte non trascurabile della domanda addizionale dei prodotti agricoli va a beneficio delle regioni settentrionali piuttosto che dell'agricoltura e delle industrie alimentari locali". Lo stesso "nel caso degli impianti e dei macchinari e dei beni durevoli do consumo, come motociclette, automobili, televisori, apparecchi radio; va in parte a beneficio delle industrie siciliane nel caso dei materiali da costruzione, di apparecchi elettrici, e di certi beni non durevoli di consumo; va totalmente a beneficio della produzione locale, nel caso di alcune piccole industrie manifatturiere, di vari servizi dell'artigianato moderno (per esempio, servizi di trasporto, officine meccaniche)". Si rileva ancora come "Gli effetti collaterali sono rilevanti solo quando le imprese sono grandi e hanno bisogno di beni e servizi esterni. Così codesti effetti hanno avuto un certo peso a Siracusa, ma sono stati poco importanti a Catania, dove l'ampiezza delle nuove imprese è media o piccola [...]. E' necessario un intervento pubblico per lo meno al livello finanziario e organizzativo, per promuovere lo sfruttamento degli effetti verticali" (Sylos66).

84 legge regionale n. 28, 29 dicembre 1962, 'Ordinamento del Governo e dell'Amministrazione centrale della Regione Siciliana' (Cfr. Giar87, p. 636)

del 1° febbraio 1963 avrebbe riconosciuto un miglior trattamento economico rispetto al dipendete statale con uguale funzione" [85]

La burocratizzazione della Regione Sicilia avrà effetti ben determinati sullo sviluppo stesso della regione. Da una parte esisteva la necessità di creare un'azienda Regione che potesse essere meglio capace di assolvere le funzioni di coordinamento e stimolo, amministrative ed economiche, proprie dell'idea di sviluppo sostenuto che si aveva all'epoca; dall'altra, il modo con cui fu messo in piedi l'apparato burocratico, con personale scelto secondo criteri clientelari, con la pratica del clientelarismo attuata nello svolgimento della funzione amministrativa a deprimento di diritti e doveri. Così quella dei funzionari regionali diventava, all'interno di una regione con forte bisogno di impiego, una casta oggetto di privilegi e che diventava soggetto della conservazione non solo del potere del partito dominante, ma anche della reazione a qualsiasi tentativo di riforma.

Si formano alcuni Enti destinati (in teoria) a coordinare lo sviluppo economico:

1. ERAS, che divenne nel 1967 ESA (Ente sviluppo agricolo)
2. nel gennaio 1963, l'EMS (ente minerario siciliano)
3. nel 1966, l'ESPI (ente siciliano di promozione industriale), nato sulle ceneri del SOFIS (esistito nel 1957), omologo di IRI e ENI su scala regionale.

"Il modo stesso in cui la classe politica isolana si appropria della 'cultura della programmazione', ancorandola ai quadri regionali per fare con i piani ora proposte concorrenziali rispetto all' 'offerta' dello Stato, ora complice adescamento di venturieri della finanza o

---

85 Giar87, p. 636.

> dell'impresa, riduce gli enti a pascolo riservato del sottogoverno 'siciliano'" [86]

Alla fine del 1965, l'assessore allo Sviluppo Economico, Attilio Grimaldi, presenta un "Progetto di programma di sviluppo economico della Regione Siciliana per il quinquennio 1966-1970". L'obiettivo era bloccare l'emigrazione, creare occupazione, aumentare la produttività e l'efficienza gestionale del settore pubblico [87]. Grimaldi muore nel 1967, e del programma di sviluppo si perde memoria; solo nel 1978 la Regione tornerà a parlare di "programmazione". Nel periodo tra il 1966 e il 1972, i due assessorati economici chiave della Regione Sicilia saranno tenuti saldamente da due politici socialisti: Salvatore Fagone (all'Industria [88]), e Calogero Mangione (Sviluppo economico).

Il potere delle esattorie

Proprio l'autonomia siciliana, e l'interpretazione che ne viene fatta, nella lotta interna tra i ceti dominanti dell'isola, diventa motivo di incentivo della pratica del clientelarismo e del dominio feudale-mafioso dell'isola. L'autonomismo tributario in particolare, perseguito dai governi regionali di Milazzo (1959-60, con Benedetto Majorana della Nicchiara alle finanze), e D'Angelo (1961-63, Paolo D'Antoni alle finanze):

> "clamorosa l'approvazione il 15 dicembre 1962 della legge regionale n. 531 di proroga ai 'privati' della gestione delle esattorie siciliane per il decennio 1964-73" [89]

---

86 Giar87, p. 637.

87 Cfr. l'analisi che ne fa. Giar87, p. 648-649.

88 Tranne che per 7 settimane, sotto il governo Giummarra. Cfr. Giar87, p. 653.

89 Giar87, p. 634.

e con cui si perpetua la pratica degli aggi esattoriali, aggi che rimangono i più alti tra quelli praticati in Italia e nel Mezzogiorno. Esattorie private che sono nelle mani delle famiglie dei Cambria e dei Salvo:

> "Tra gli inizi del '62 e l'approvazione della legge (35 voti contro 27) fu attivata dai consigli di amministrazione delle società interessate 'la libera disponibilità dei fondi di emergenza': e gli esattori riuscirono così ad ottenere da una maggioranza 'avanzata' il blocco dell'iniziativa di un Ente regionale di riscossione delle imposte, e in anticipo sulla scadenza la proroga decennale" [90]

Il presidente della Regione Siciliana, D'Angelo, subì nel 1967 una dura sconfitta elettorale, ma rimase segretario regionale della DC siciliana. Nel dicembre 1970 sarà sotto la Commissione Antimafia e dichiara:

> "veda i carichi delle esattorie, veda quali aggi si praticano in Sicilia, e constaterà quale massa di miliardi converga legittimamente nelle mani di alcune persone, che saranno tre o quattro in tutta la Sicilia. Io ho sempre detto [...] che nemmeno la Montedison ha la possibilità di disporre a suo piacimento di capitali di questo tipo e di queste dimensioni" [91]

La mafia

Nelle sentenze di rinvio di giudizio di mafiosi palermitani stese tra il 1963 e il 1964 da Cesare Terranova, è possibile comprendere "il salto di qualità che trasporto, raffinazione e spaccio degli stupefacenti avevan prodotto nelle strutture e nella 'cultura' della

---

90 Giar87, p. 634.

91 Giar87, p. 634-5, che al solito cita solo vagamente la fonte.

mafia" [92]. Una consapevolezza, quella di Terranova, che non ebbe riscontri in altri ambienti o fu letta con "superficialità".

"La via della droga, dal Medio Oriente all'America, passava per la Sicilia attivando i consolidati canali tra mafia isolana e gangsterismo siculo-americano: a metà degli anni '60, fossero siciliani o siculo-americani, i grandi capi della mafia erano attivi sull'asse Messico-Canada e la testa dell'organizzazione era negli Stati Uniti o in Canada, e la Sicilia era una dipendenza, con il suo brodo di cultura, i suoi killer, la sua 'cupola'. Impegnata a tessere la rete dei collegamenti nazionali e internazionali (e i nodi di questi collegamenti, a Milano o a Marsiglia, a Città del Messico o a New York sono segnati da 'regolamenti di conti'), la 'grande mafia' garantisce gli equilibri locali dell'area occidentale dell'isola, porta altrove le sedi di mediazione e autorità, lascia alle locali associazioni (a delinquere) libertà di profittare delle occasioni di arricchimento che le nuove strutture della Regione - assessorati, enti locali, enti di promozione economica, credito agevolato e incentivi - offrono, in un sistema sostanzialmente privo di controlli e di verifiche" [93]

"Nelle campagne, la presenza mafiosa si consolida nei consorzi di bonifica e nei consorzi agrari, nel controllo dei flussi di spesa pubblica (spese per l'edilizia rurale, e infrastrutture, contributi a fondo perduto): gli scontri e le mobilitazioni per le dighe sullo Jato e sul Belice riportano in primo piano la 'mafia delle acque', e il ruolo di intermediazione politico-clientelare assistita da mafiosi nella trasformazione fondiaria degli anni '50 e '60. Ma è soprattutto la città l'area delle nuove opportunità: non più soltanto il controllo del mercato agroalimentare e della distribuzione, in una fase di rapida espansione e crescita dei consumi, ma soprattutto la speculazione sulle aree, le agevolazioni in materia di credito fondiario, la presenza

---

92 Giar87, p. 637

93 Giar87, p. 637-638.

interstiziale nel mercato edilizio. Sarà il terreno su cui si salda l'alleanza tra mafia e politici rampanti" [94]

Scrive Umberto Santino, uno dei più attenti studiosi sul fenomeno mafia della Sicilia:

> "La mafia alla fine degli anni '60 e dei primi anni '70 è in mutamento, nel senso che da una dimensione urbano-imprenditoriale circoscritta all'orizzonte locale passa sempre di più a una dimensione nazionale e internazionale, in relazione con un incremento mai prima registrato dell'accumulazione illegale, in particolare dovuto alla produzione e commercio di droga («mafia finanziaria» [...]. Già all'inizio degli anni '60 si è sperimentata una forma organizzativa unitaria per la gestione del contrabbando dei tabacchi, in cui figurano «delegati» delle varie «famiglie», e alcuni «problemi» derivanti da tale rapporto unitario, insieme con la volontà egemonica dell'organizzazione di Palermo centro, diretta dai La Barbera, avevano scatenato la guerra di mafia degli anni 1960-63. Adesso si usa per gestire il traffico di droga la stessa formula unitaria, trasversale all'organizzazione familistica, funzionale ai «nuovi compiti» ma portatrice di nuove tensioni che esploderanno nella più recente guerra di mafia (1981-83). Mentre la mafia degli anni '60 non può che contentarsi dello spazio che ha, in relazione a un'accumulazione limitata, che la vede dipendere, come altri soggetti, dal denaro pubblico, a cui attinge attraverso appalti e subappalti, la mafia degli anni '70 realizza livelli di accumulazione tali da uscire dalla dipendenza e da autorizzare una richiesta di spazi esorbitante rispetto alle compatibilità per lo più irrigidite dalle difficoltà economiche che ridimensionano il flusso di ricchezza pubblica dirottato verso il Mezzogiorno, con le conseguenze [...] di scontro di settori politico-istituzionali che si oppongono al processo di espansione degli interessi mafiosi. Quindi la mafia degli anni '60 non è «sotto controllo» perché obbedisce ancora a codici tradizionali, ma vige un rapporto pattizio politici-

---

94 Giar87, p. 638.

amministratori-mafiosi che consente una convivenza pacifica, dato che il *do ut des* tra i soggetti del patto funziona con relativa «soddisfazione» dei contraenti. Tale patto salterà successivamente perché uno dei soggetti, cioè i mafiosi, cresce troppo rispetto a un quadro complessivo che non ha molte possibilità di «elasticità»" [95].

"L'ondata repressiva che seguì alla strage di Ciaculli (1963), che portò all'istituzione della commissione parlamentare d'inchiesta (con l'ennesima scoperta della mafia come «questione nazionale» [...]) si risolse senza danni sostanziali per le organizzazioni mafiose. Proprio allo scadere degli anni '60 si celebrano i processi che avrebbero dovuto concretare l'azione repressiva: il processo di Catanzaro a 113 mafiosi, il processo per traffico di droga, il processo a 18 mafiosi del quartiere Uditore, che si conclusero con lievi condanne e con assoluzioni, che frustrarono il tentativo, compiuto quasi solo dal giudice istruttore terranova, di lettura unitaria della delittuosità mafiosa e di applicazione al fenomeno mafioso della fattispecie «associazione a delinquere» prevista dall'art. 416 del codice penale. Solo il processo per gli assassini del commissario Tandoj si concluse con la condanna all'ergastolo degli imputati" [96].

E ancora, per quanto riguarda la Sicilia orientale:

"La Sicilia orientale, la cui criminalità associata solo ora entra - anche per la mediazione di gruppi e di singoli 'catanesi' che operano in Lombardia o in Piemonte [...] - nella più vasta rete nazionale della mafia, conosce una vicenda che è in parte diversa: qui la mediazione burocratica è più importante di quella mafiosa nel controllo della spesa pubblica, più stretto e continuo è il rapporto con la grande distribuzione e la grande finanza, ma anche tradizionalmente più varie le opportunità di

---

95 Santino92, p. 68.

96 Santino92, p. 67.

successo economico. Nelle aree di sviluppo industriale, se la meccanica stenta ad affermarsi, le attività connesse all'edilizia conoscono una crescente espansione; e tuttavia le dimensioni rimarranno modeste per struttura e numero di addetti, e lento l'adeguamento tecnologico. La speculazione sulle aree, possibile e remunerativa sol che si disponga di una copertura politica autorevole, non si concentra a tutta prima in ristretti gruppi di controllo ma si disperde in rivoli numerosi che alimentano e saldano l'irregolare tessuto delle clientele. Il salto di qualità avviene attraverso il coinvolgimento negli appalti, e la diretta assunzione di opere pubbliche (viabilità, infrastrutture primarie): la mediazione politica ha un ruolo essenziale nella selezione degli imprenditori, sia attraverso il credito agevolato sia come strumenti di traduzione in profitti finanziari della quota di spesa pubblica che il politico locale è riuscito ad assicurare per la sua area, e di cui è gestore e garante quel sottogoverno che egli controlla" [97]

Il sindacato

"Il sindacato - culturalmente sorpreso dalla rapida 'conversione', e dall'egemonia urbana - svolge un ruolo dipendente, quasi sempre di rimessa e in alcune sue frange di 'copertura padronale'. Il riferimento obbligato ai partiti, la DC per i cattolici, soprattutto il PCI per la CGIL, gli sottrae ogni spazio politico e di rappresentanza di interessi e di alternativa programmatica. Lo spazio sindacale rimane comunque in Sicilia l'area privilegiata di formazione e di azione del nuovo 'politico di sinistra', che negli anni '60 è sempre meno l'avvocato o il professionista antifascista e sempre più il funzionario, l'organizzatore sindacale, un dipendente del parastato o degli enti locali o regionali. Gli anni '70 avrebbero posto

---

97 Giar87, p. 638-639.

in drammatica evidenza gli esiti di questo processo, sotto l'esponente complessivo della 'crisi dei partiti' " [98]

L'emigrazione

"L'egemonia della città, e l'attivo mercato edilizio attraggono dalla campagna in lento riordino strutturale (proprietà e coltura) forza-lavoro 'inferiore'; ma l'industrializzazione tarda, e la piena occupazione - che rimane l'obiettivo di ogni piano di sviluppo - non ispira certo la politica della spesa pubblica che la struttura del potere regionale è fatta quasi apposta per disperdere verso punti di attrazione creati dai mutevoli 'accordi politici'. Bastano perciò rallentamenti prodotti ora da inciampi attinenti al rifinanziamento degli enti ora agli urti di un sistema produttivo fragile se non precario, perché si producano scoli migratori: ma è più la Sicilia ad espellere che l'Italia industriale o la Svizzera e la Germania ad attrarre. L'emigrazione peraltro si caratterizza come emigrazione rurale, e perde velocità e significato l'emigrazione intellettuale" [99]

La magistratura

Il " dibattito sulle attenuanti del cosiddetto delitto d'onore [...] in questi anni accrebbe l'isolamento della magistratura siciliana, di cui la credibilità e il prestigio scesero negli anni '60 ai livelli forse più bassi dell'intero periodo. La docilità compiacente verso il crimine amministrativo e verso il ceto politico, gestita peraltro attraverso un groviglio di astuzie e ricatti, e insieme l'impotenza, denunciate con crescente consenso, ebbero

---

98 Giar87, p. 639.

99 Giar87, p. 639-640.

l'effetto di chiuderla alla comprensione del cambiamento, esaltandone i caratteri di corpo separato che contratta potere contro privilegio" [100].

Centri culturali e trasmissione della cultura in Sicilia

La Sicilia negli anni Sessanta è una regione che presenta, a livello culturale, esperienza complesse, estremamente avanzate. Operano Sciascia, Guttuso, Dolci; una serie di ricercatori universitari di prim'ordine (si pensi a Carlo Muscetta e Sylos Labini a Catania; Rosario Villari a Messina ecc.). C'è tuttavia un segnale indicativo, che nasce dall'esperienza propria dello scetticismo siciliano (si pensi a Falcone, e alle sue interviste televisive ultime in occasione della presentazione del suo libro) e che è possibile ritrovare anche nel cinico commento di Giarrizzo: "il dubbio del meridionalista è come confortato dallo scetticismo della mafia, che assassina i sindacalisti, da Panepinto a Carnevale, ma risparmia Dolci e la sua denunzia dello 'spreco'" [101].

La chiesa cattolica

"La Chiesa cattolica, ancora impegnata a riscuotere dal 'suo' partito i crediti accumulati negli anni '50 soprattutto in favori per la scuola confessionale, si presenterà impreparata e rassegnata alla sfida del Concilio Vaticano II. Le riesce senza grande sforzo di bloccare i pur vivaci nuclei di evangelismo presenti e attivi in aree circoscritte (di particolare rilievo è il centro valdese di Riesi), e che isolate iniziative di chiese e gruppi evangelici statunitensi vogliono insediare nelle città, e soprattutto nei nuovi quartieri. In Sicilia, la cultura cattolica rimane peraltro minoritaria" [102]

---

100 Giar87, p. 640.

101 Giar87, p. 630

102 Giar87, p. 640.

Se dal punto di vista culturale la chiesa cattolica, nel parere di un laico come Giarrizzo risulta "minoritaria", il dominio economico e la capacità di egemonia politica risultano invece dominanti, non scalfita neppure dai periodici "scandali" che interessano la chiesa cattolica che mantiene una alta collusione mafiosa e di compartecipazione alle scelte economiche che interessano la regione [103].

La cultura laica

> "Nella scuola pubblica come nell'Università più salda e combattiva è la cultura laica, di area liberale o socialista; è peraltro un laicismo, che se sceglie ancora per terreno di impegno la difesa e la qualificazione della scuola pubblica, è variamente segmentato e non ha più nel settarismo massonico il suo punto di aggregazione. Per quel che è dato saperne, l'associazionismo politico fa ancora premio alla metà degli anni '60 sull'associazionismo massonico o paramassonico e sull'associazionismo ecclesiastico. L'accesso al potere e la legittimazione sociale che l'accompagna passano in Sicilia come altrove attraverso i partiti e il controllo delle loro strutture locali: solo attorno al '64-65 la concitazione e gli appelli dei partiti all' 'impegno politico', ancora esaltato come valore, denunciano anche in Sicilia mutamenti culturali corrispondenti al ricambio generazionale e a crescente diffidenza verso le istituzioni, le antiche e le nuove" [104]

---

103 Si pensi anche agli "scandali" che colpiscono vari prelati e che diventano "caso nazionale": cfr. ad esempio nel 1967 il caso di monsignor Antonio Travia, della Segreteria di Stato del Vaticano, che rimane coinvolto in un clamoroso (per l'epoca) scandalo giudiziario legato al Banco di Palermo.

104 Giar87, p. 640-641.

L'Università e la scuola

Ruolo di primo piano nella formazione non solo delle classi dirigenti e dei funzionari, per l'amministrazione e la produzione locale ma anche per le strutture nazionali (grazie al vistoso fenomeno dell'emigrazione), ma anche per la trasmissione dei valori culturali e ideologici viene svolta dalla scuola.

In Sicilia operano tre università statali, a Palermo, Catania e Messina. Si tratta di università "storiche", costituite in periodo pre-unitario.

Quadro delle Facoltà presenti nelle tre università siciliani, al 1967

Facoltà presente	Palermo	Catania	Messina
Agraria	SI	SI	No
Architettura	SI	No	No
Economia e commercio	SI	SI	SI
Farmacia	SI	SI	SI
Giurisprudenza	SI	SI	SI
Ingegneria	SI	No	No
Lettere e filosofia	SI	SI	SI
Magistero	SI	E' presente un Istituto universitario pareggiato di Magistero	SI

Medicina e chirurgia	SI	SI	SI
Medicina veterinaria	No	No	SI
Matematiche, Fisiche e Naturali	SI	SI	SI
Scuola di Statistica (c/o Facoltà di Giurisprudenza)	SI	No	SI

Fonte: nostra tabella su dati presenti in Pirker67

Lo "stato" delle Università siciliane non è dei più felici. Scrivono Lucio Lombardo-Radice e Alberto Monroy nel 1959:

> "Nei primi decenni di questo secolo, le tre università siciliane (Catania, Palermo, Messina) hanno vantato maestri, l'attività dei quali ha avuto un rilievo culturale nazionale, e talvolta mondiale [...]. Nei primi decenni del secolo Palermo è uno dei massimi centri mondiali della ricerca matematica: vi insegnano stabilmente Bagnera, De Franchis, Cipolla, Corradino Mineo; i «Rendiconti del Circolo Matematico» fondato da Guccia hanno rilievo internazionale. Intorno al 1920, all'Università di Catania troviamo Maurizio Ascoli e Izar nella Facoltà di Medicina, Adolfo Omodeo e Giuseppe Lombardo-Radice in quella di Lettere e Filosofia, Manfredi Siotto-Pintor in quella di Giurisprudenza, Griziotti in quella di Economia e Commercio, Gaetano Scorza (matematico) in quella di Scienze [...]. A Palermo Giuseppe Levi insegna anatomia e costituisce uno dei primi laboratori per la coltivazione dei tessuti un vistro; alla chimica si succedono tre dei maggiori maestri della loroepoca: S. Cannizzaro, E. Paternò e G. Oddo; alla Zoologia, F. Raffaele e A. Giardina; la Facoltà di Giurisprudenza vanta S. Riccobono. La misura della importanza culturale nazionale delle Università siciliane è data anche [...] dalle case editrici legate alla produzione culturale [...]

(ricordiamo, tra le altre, Sandron di Palermo e Principato di Messina)" [105].

Dagli anni Trenta in poi, si ha "la scomparsa o [... la] decadenza dei grandi maestri che avevano dato la loro impronta al periodo precedente, da un (relativo) 'silenzio scientifico' e culturale delle Università siciliane" [106]. Il grande maestro "non lascia una grande scuola, e talvolta non lascia alcuna scuola" [107]. Un mutamento Lombardo-Radice e Monroy avvertono a partire dal 1950: "Il periodo attuale, dal 1950 in poi, appare contrassegnato da una lenta e non facile ripresa, dall'ingresso o dalla affermazione nelle Università siciliane di elementi giovani, capaci, al corrente dei progressi della scienza e della cultura del mondo: la formazione di scuole è però ancora in una fase assai delicata" [108].

Cause del decadimento della qualità scientifica sono individuate nel mutamento della ricerca scientifica, che richiede attrezzature sperimentali più dispendiose e lavoro di equipe, e la decadenza della nobiltà come classe dirigente siciliana, la scomparsa della relativa organizzazione culturale. Ciò porta all'emigrazione intellettuale dei 'cervelli' a Roma, Pisa, Milano, Padova, Torino, Napoli. Pochissimi quelli che tornano, e a loro si deve il ripartire della ricerca e della produzione scientifica di qualità, l'aggiornamento che sono in grado di produrre nelle metodologie e nei contenuti della ricerca.

Resta il problema di una 'vita media siciliana' dei vincitori di cattedre siciliane, bassissima: al termine di 1-2 anni i neo-cattedratici di prima nomina lasciano la Sicilia; pochissimi sono i cattedratici che superano i 4-5 anni necessari per l'avviamento di una 'scuola' [109]. Mentre il numero delle cattedre rimane fermo al numero di cattedre d'inizio secolo, gli studenti si moltiplicano.

---

105 LombRad59, p. 677-678.

106 LombRad59, p. 678.

107 LombRad59, p. 678.

108 LombRad59, p. 678.

109 LombRad59, p. 680.

Lombardo-Radice e Monroy rilevano come i ragazzi che si presentano al primo anno di università sono in Sicilia mediamente "a un .livello più basso di quello di altri centri universitari [...]. Il livello culturale, medio beninteso, del giovane che conclude gli studi secondari in Sicilia, è uno dei più bassi d'Italia" [110]. Le cause:

> "Classi sovraffollate dalla prima elementare alla terza Liceo; bassa percentuale di posti di ruolo; estrema instabilità degli insegnanti, in gran parte [...] in posizione precaria; necessità di fare 'su e giù' o di stare fuori casa per i ragazzi di molti piccoli centri e delle campagne; mancanza pressocché totale di assistenza: ecco, alla rinfusa, alcune delle cause che portano a un basso rendimento medio la scuola primaria e secondaria in Sicilia" [111].

Il discorso di Lombardo-Radice e di Monroy è volto verso una forte spinta riformistica: "Noi riteniamo pertanto che è solo attraverso un radicale rimaneggiamento dei metodi e della struttura della scuola media che sarà possibile sollevare il livello degli studenti che accedono alle Università. Il rimedio in questo caso va cercato cioè fuori e non dentro l'Università. Questo discorso ha valore, è vero, per tutta l'Italia ma, per le cosiderazioni fatte sopra, acquista, per la Sicilia, aprticolare importanza" [112].

> "La Sicilia poi, terra povera, è stata ed è per tradizione, esportatrice di burocrati. Per una altissima percentuale di siciliani la massima ambizione nella vita è quella di ottenere un impiego - sia esso in una banca, in una pubblica amministrazione, in una scuola elementare o media. Nulla di meglio quindi, si pensa, che conseguire una laurea - e poco importa come conseguita - in Giurisprudenza o in Lettere. Si assiste così al fenomeno

---

110 LombRad59, p. 682-683.
111 LombRad59, p. 683.
112 LombRad59, p. 683.

> [...] di facoltà di Giurisprudenza almeno cinque volte più affollate di quelle di Ingegneria o Medicina, per non parlare di quelle di Scienze" [113].

E' un discorso su cui esiste (da Salvemini [114] in poi) un'ampia pubblicistica: nel Mezzogiorno "quello umanistico è diventato l'indirizzo di studi cui la piccola borghesia si è rivolta sotto la spinta di condizioni storiche, economiche e sociali obbiettive" [115]:

> "Gli studenti in Sicilia, appena usciti dal Liceo, si orientano verso la facoltà di giurisprudenza e verso quella di lettere anzitutto per la semplice considerazione che si tratta di facoltà che non esigono l'obbligo della frequenza, poiché nella loro maggioranza non hanno la possibilità di essere mantenuti dalla famiglia in città; in secondo luogo perché ritengono comunemente di abbracciare quella facoltà che dà maggiori possibilità di trovare un *impiego sicuro*" [116].

Sulla situazione delle singole università, daremo conto all'interno dei singoli capitoli dedicati alle tre università siciliane.

---

113 LombRad59, p. 683-684.

114 Prima del 1860, spiegava Salvemini, tutta l'ambizione della piccola borghesia meridionale "era di aver un figlio prete; e appena i genitori si trovavano ad aver fabbricato un marmocchio non del tutto cretino, fin dai dieci anni lo tingevano di nero, gli mettevano il nicchio in testa e via al Seminario. Il rampollo veniva su come Dio voleva, si faceva prete e diventava il sostegno e il lustro maggiore della famiglia. I preti allora stavano benone; perciò l'avito fondicello ritrovava ben presto qualche fratellino; le rendite crescevano geometricamente; la famiglia del prete si rinpuliziva, si elevava lentamente e e se la seconda generazione riusciva a produrre un altro prete, entrava addirittura fra le case notabili e per bene della città". Le cose cambiarono dopo il 1860, ma considerandosi "un disonore" mandare al lavoro manuale un "figlio di buona famiglia", restò "non potendone fare un prete, farne un impiegato o un professionista". La libera professione non era tuttavia aperta a tutti e remunerativa per tutti, così i figli della piccola borghesia cominciarono a cercare un posto al Comune: "cercarono di essere medici condotti, avvocati del dazio, ingegneri municipali, maestri delle scuole municipali, scrivani, ecc." (G. Salvemini, *Scritti sulla questione meridionale*, Torino 1958).

115 Onufrio59, p. 691.

116 Onufrio59, p. 691.

Gli organismi di rappresentanza studentesca prima del Sessantotto

Anche nelle Università siciliane sono attive le organizzazioni studentesche così come avviene nel resto dell'Italia: dall'UGI all'Intesa, dalle organizzazioni vicine al MSI e alla destra, ai Monarchici, ai liberali dell'AGI. Anche qui tali organizzazioni, specie negli anni Sessanta, accentuano le caratteristiche ideologiche e di schieramento, caratterizzandosi e differenziandosi sulla base di una identificazione politica di partito. Anche in Sicilia tali organizzazioni collaborano a svolgere il ruolo di selezione dei quadri dirigenti dei partiti [117].

Riportiamo i dati delle elezioni universitarie che siamo stati in grado di rinvenire [118]:

Università di Messina

Anno	Intesa	UGI	Fuan	Monarchici	Agi	Altri
1961-62	22,85	17,14	22,85	-	22,85	14,31
1962-63	22,85	20	17,14	-	14,28	25,73
1963-64	25,71	20	17,14	-	14,28	22,87
1964-65	34,30	17,14	20	-	14,29	14,29

Università di Catania

Anno	Intes	UGI	Fuan	Monarchi	Agi	Altri

---

117 Per un quadro generale e una analisi più particolareggiata sulle organizzazioni studentesche prima del Sessantotto si rimanda a: Urbani66. In particolare, per quanto riguarda una breve storia dell'UGI, p. 119 e segg.; per l'Intesa, p. 129 e segg.; per il FUAN, p. 148 e segg.

118 I dati riguardano le Università di Messina e di Catania, e sono desunte dalle tabelle, riarragiate, in Urbani66, p. 81-83. Per quanto riguarda le astensioni, sono riportate solo le percentuali riguardanti l'anno accademico 1958-59 (Urbani 66, p. 94): per l'Università di Messina, su 8000 iscritti risultano aver votato 3911 studenti (48,88%); per l'Università di Catania su 8700 iscritti, i votanti sarebbero stati nel 1958-59 3026 (34,78%).

	a			ci			
1961-62	27,11	15,25	30,50	15,25	8,47	3,42
1962-63	17,75	20,31	31,25	10,93	4,68	14,08
1963-64	24,19	27,41	29,03	-	19,35	0,02
1964-65	29,03	25,81	24,19	-	17,74	3,23

La scuola e l'emancipazione femminile

"Sono anni in cui la scolarità cresce, e trascina con sé una domanda soprattutto di maestri: la elefantiasi degli istituti magistrali, se non vale ad accrescere la già modesta considerazione, rende tuttavia più addensata la presenza femminile nelle professioni liberali. Sarà questo, dell'insegnamento nella scuola primaria, presto esteso alla media dell'obbligo, il canale più importante dell'emancipazione culturale della donna siciliana, che non affida più pertanto al matrimonio e alla maternità la funzione di rito di passaggio e promozione sociale [...]. La spia di tale processo, con le sue contraddizioni e difficoltà, è data dal dibattito sulle attenuanti del cosiddetto delitto d'onore" [119].

Conclusioni

Il quadro dell'economia e della società siciliane tra la fine degli anni Cinquanta e gli anni Sessanta contiene ancora forti elementi di dinamismo, un quadro ricco e mobile di realtà diverse che spingono quasi tutte nella direzione dello sviluppo e della modernizzazione. Il problema è: quale sviluppo, quale modernizzazione.

C'è stata, negli anni Cinquanta, la riforma agraria. Attuata limitatamente e su terre molto povere, ha consentito fra l'altro agli

---

119 Giar87, p. 640.

agrari di spostare in tempo i loro interessi dalla campagna alla città (la speculazione edilizia come unica forma di sviluppo degli anni Sessanta e Settanta).

Nascono le industrie di trasformazione del petrolio e chimiche concentrate nei poli di Priolo e Gela. Nascono speranze di un'isola inserita nel pieno dello sviluppo occidentale e capitalistico europeo. Si effettuano i primi investimenti, ma poi tutto viene bloccato a metà, non si prosegue nella pianificazione di quello sviluppo. La stessa domanda di beni di consumo che deriva dalla nuova occupazione operaia in queste aree, e nelle aree urbane di Palermo, Catania, Messina interessate indirettamente alla modernizzazione, è diretta verso beni di consumo di provenienza esterna, che non porta a stimolare la nascita di aziende locali. Anzi, si registra la progressiva scomparsa dei piccoli artigiani e le difficoltà delle aziende che invece avrebbero potuto svilupparsi secondo tradizioni produttive locali: dall'artigianato all'industria tessile a quella alimentare.

Nel 1962 è la mini-riforma del governo regionale. I dipendenti passano da 200 a 1000, poi a 1450. Dovrebbe facilitare il lavoro di coordinamento e di stimolo delle attività dell'isola, crea invece un apparato burocratico-clientelare responsabile molto spesso delle mancate necessarie riforme. L'autonomia della Regione significa autonomia tributaria e conferimento ai privati della gestione delle esattorie, con aggi esattoriali che rimangono i più alti tra quelli praticati in Italia e nel Mezzogiorno.

La mafia attua nei primi anni sessanta il salto di qualità legato al traffico della droga, mentre consolida la sua presenza nei consorzi di bonifica, nei consorzi agrari e nel controllo dei flussi di spesa pubblica.

I processi di ristrutturazione nelle campagne portano ad un movimento migratorio che si dirige da un lato verso la città (grande cantiere edile negli anni della speculazione edilizia e delle opere pubbliche), dall'altro verso "il Continente" e l'Europa.

In questo contesto il Sessantotto - superata quasi immediatamente la fase della rivendicazione corporativa - costituì un tentativo forte di lavorare ad una "diversa" modernizzazione.

Quanto il fallimento di questa prospettiva sia legato alle forze in campo a livello locale e quanto invece a dinamiche più ampie è quello che in fondo ci siamo realmente chiesti con questa ricerca. La risposta, parziale e da approfondire quanto la ricerca stessa, è a nostro avviso che i margini di manovra per un movimento come quello del Sessantotto erano veramente piuttosto scarsi.

La strage di Piazza Fontana pone un salto di qualità nello scontro politico in atto, con una radicalizzazione che esula dallo specifico dei problemi della scuola, ma diventa scontro tra due diverse idee della politica e dei rapporti tra gli individui. Gli effetti anche in Sicilia sono evidenti, qui con più chiaro il risultato di una sconfitta politica e sociale della sinistra, la "vittoria" della destra non solo a livello amministrativo: Catania e Messina diventano le città più "nere" d'Italia, forniranno quadri e soldati alla guerra in corso.

La vittoria missina alle elezioni politiche del 1971 segna la chiusura di una storia politica per la Sicilia, e l'apertura di un capitolo completamente diverso. Ciò che avviene in Sicilia ha il significato di un campanello d'allarme per i partiti stabilizzati nel gioco del potere e dell'opposizione (il blocco DC-PSI e PCI), fa riconcentrare l'attenzione generale sulla Sicilia [120].

Scrive Giarrizzo:

> "In Sicilia, come nel resto del paese, si instaura un clima di sospetto che mortifica e intorbida ogni razionale, lucido approccio al potere e ai suoi strumenti formali e non: la critica delle istituzioni scivola in rifiuto delle istituzioni, in rifiuto del sistema. Donde la demonizzazione del potere, vischioso e avvolgente, nei

---

120 Questa forte avanzata (culturale e politica) della Destra, insieme a quanto avviene nel quadro internazionale più generale (di lì a poco il golpe cileno) e lo scatenarsi in Italia della "strategia della tensione" e poi della crisi economica per l' "embargo petrolifero", proiettano tutta la storia su un altro binario che ci sembra chiudere (definitivamente) il capitolo che ha avuto nei movimenti del 1968-69 l'apice e l'emblema.

La Sicilia non sarà interessata dal fenomeno del "terrorismo" di sinistra degli anni Settanta: il controllo mafioso, con il nuovo asse Palermo-Catania sarà ferreo. La lotta politica si sposta in Sicilia su un altro fronte, quello della lotta, un po' di retroguardia, dell'anti-mafia. E quando si configurano chiari i rapporti tra mafia e nuova militarizzazione del territorio (Comiso), il movimento riprenderà consistenza, riallacciando i nodi con i movimenti anti-NATO degli anni Sessanta. Stagione intensa ma breve, che ha avuto le sue vittime (l'uccisione di Pio La Torre).

confronti del quale ogni violenza è legittima: il consenso che questa cultura trova nel post '68 ha radici libertarie, e non di classe; e la violenza anti-istituzionale dei primi anni '70 non è l'ostetrica della storia. C'è un'eredità velenosa della contestazione sessantottesca, che nella scuola siciliana ebbe manifestazioni tutto sommato composte (e le esagerazioni della paura e le provocazioni non bastarono a giustificare interventi della magistratura); ma ce n'è una positiva, che presto troverà espressione politica nel radicalismo. E in Sicilia il movimento radicale maturerà crescenti consensi, contribuendo alla politicizzazione di vasti gruppi giovanili nella fase – che sarà degli anni '70 – di degrado morale e culturale della politica e dei partiti. Su questo terreno, e attraverso la scuola e l'impegno a esser presenti nel 'sociale', le generazioni più giovani – tra i 20 e i 30 anni – entreranno in quell'area di nuovo laicismo che il referendum sul divorzio avrebbe rivelato in Sicilia così ampia e affollata.

[…] Sul piano socio-culturale questa presenza dei 'giovani' si manifesta come nuovi bisogni; e a soddisfarli, in una società che si definisce scarsa di risorse, monta la pressione sulle istituzioni – la scuola, la Chiesa, la magistratura, il potere locale -, e ne denuncia la crisi. E' l'affermarsi di quei 'nuovi' bisogni una delle vie per le quali i modelli culturali delle società industriali entrano nella società siciliana" [121].

Solo quando la guerra interna allo Stato italiano avrà come "vincente" la fazione democratica, potrà essere avviato su questo fronte un repulisti - e si avranno le esperienze dei "sindaci democratici" Enzo Bianco a Catania, e Leoluca Orlando a Palermo. All'interno di queste vicende politiche degli anni Novanta, è possibile ritrovare alcuni di coloro che nel 1968-1969 avevano svolto attività politica all'interno dei movimenti studenteschi e dei movimenti culturali dell'epoca. Una parziale "rivalsa" trent'anni dopo, che fa segnare un bilancio meno negativo di quanto era possibile vedere nella Sicilia degli anni Ottanta, per il "ventennale". Una vittoria di uno spirito democratico "sessantottesco" trent'anni dopo? Certamente non

---

121 Giar87, p. 647-648.

una "vittoria" piena né totale, ma la fornitura al quadro politico degli anni Novanta di solo una parte del personale politico rimasto attivo, e certamente solo di quella parte proveniente dai partiti e dalle formazioni rimaste all'interno della gestione del potere - DC e PCI -.

Giuseppe Giarrizzo scrive: "Il 1968 era stato qui, non l'anno della contestazione bensì l'anno del Belice" [122]. Certamente gli anni tra il 1967 e il 1969 vedono in Sicilia una serie di avvenimenti storici che hanno effetti di media e lunga durata, indicativi di quel tipo particolare di non-sviluppo che ha caratterizzato questa regione e che ne ha permesso il controllo e il dominio negli anni all'interno dei bisogni dello Stato nazionale, e che ha contribuito in questo modo alla politica e allo sviluppo economico italiano. I fatti della contestazione del Sessantotto in Sicilia si inseriscono certamente all'interno di un quadro politico, culturale e sociale più vasto, che è quello italiano di quegli anni. Ma non crediamo che sia stato un fenomeno minoritario, né che i suoi effetti siano passati inosservati all'interno della società siciliana che vive quegli anni una profonda ristrutturazione sociale e culturale con il passaggio da una civiltà contadina a una civiltà di consumi borghese (anche se senza industrie).

---

122 Giar87, p. 650. Ed è molto bella la chiusura del cap. 9 in Ginsborg96, p. 262-263 con la pubblicazione dello scambio epistolare del 1976 tra una bambina di Santa Ninfa e un presidente del consiglio di Roma.

Bibliografia

Bibliografia generale: Università, riforma, stato del sistema scolastico alla fine degli anni Sessanta

- Cento anni di università : l'istruzione superiore in Italia dall'unità ai nostri giorni : atti del III convegno nazionale, Padova 9-10 novembre 1984 / Centro italiano per la ricerca storico-educativa. - Napoli : Ediz. scientifiche italiane, 1986.
- Il PCI e l'università. - Milano : S. Reina, 1977.
- Il quadro strutturale dell'università italiana : 1948-1990 / Giancarlo Orioli. - Roma : Ediun Coopergion, 1993.
- Il sistema scolastico italiano / Anna Laura Fadiga Zanatta. - Bologna : Il Mulino, 1971.
- La questione universitaria / Antimo Negri. - Roma : A. Armando, 1977.
- Le scienze dell'uomo e la riforma universitaria : studi e ricerche / condotte dal Centro nazionale di prevenzione e difesa sociale. - Bari : Laterza, 1969.
- Libro bianco sull'università. - Milano : Edizioni Abete, 1968 (?).
- L'istruzione superiore nell'Italia industriale : problemi e prospettive dell'università italiana / Raffaello barbaresi. - Milano : Franco Angeli, 1964.
- L'ordinamento didattico universitario : lauree e diplomi universitari che si conseguono in Italia / Paola Pirker. - Roma : Edizioni dell'Ateneo, 1967.
- L'Università brucia / Giampaolo Bonani. - Torino : Einaudi, 1969.
- L'università come impresa / Gino Martinoli. - Firenze : La Nuova Italia, 1967
- L'università del dissenso / a cura di Theodore Roszak. - Torino : Einaudi, 1969.

- L'università in trasformazione / David, Zloczower, Halsey, Aron, Trow, Dahrendorf. - Milano : Edizioni Comunità, 1964.

- L'Università italiana dalla Costituzione ad oggi. - Roma : Ediun Coopergion, 1990.

- L'università oggi : atti del convegno / Comitato Cattolico docenti universitari. - Bologna : Il Mulino, 1965.

- Morte (o trasfigurazione?) dell'università / Pietro Piovani. - Napoli : Guida, 1969.

- Per il rinnovamento dell'Università italiana : atti del convegno. Roma : 1965. - Milano : Giuffrè, 1965.

- Per l'università di domani : atti del congresso del / Comitato nazionale universitario. - Padova : Marsilio, 1972.

- Pianificazione e disegno dell'università / a cura di Giancarlo De Carlo. - Venezia : Edizioni universitarie italiane, 1968

- Politica e universitari : elezioni studentesche e orientamenti politico-culturali degli universitari italiani dal 1946 al 1965 / Giuliano Urbani. - Firenze : Sansoni, 1966.

- Processo all'università : contestazione e restaurazione viste attraverso l'analisi istituzionale / Georges Lapassade. - Milano : Emme, 1976.

- Proposte per la riforma universitaria / Gabriello Illuminati, Paolo Sylos Labini. - Milano : edizioni di Comunità, 1970.

- Quale facoltà scegliere? / Confederazione generale dell'industria italiana, Servizio istruzione professionale. - Roma : 1968.

- Rapporto sull'università italiana / Arturo Colombo. - Milano : Comunità, 1962.

- Studi sull'università : vol. I La popolazione universitaria / Comitato studio dei problemi dell'università italiana. - Bologna : Il Mulino, 1960.

- Studi sull'università : vol. II Le facoltà umanistiche / Comitato studio dei problemi dell'università italiana. - Bologna : Il Mulino, 1967.

- Studi sull'università : vol. IV Finanziamento e spese dell'università / Comitato studio dei problemi dell'università italiana. - Bologna : Il Mulino, 1964.
- Studi sull'università : vol. V Una politica per l'università / Comitato studio dei problemi dell'università italiana. - Bologna : Il Mulino, 1961.
- Un futuro per l'università italiana / Giuseppe Barillà. - Bari : Laterza, 1961.
- Università di oggi e società di domani : studi e ricerche / condotte dal Centro Nazionale di prevenzione e difesa sociale. - Bari : Laterza, 1969.
- Università e classe politica / Felice Froio. - Milano : Edizioni di Comunità, 1968.
- Università in prima linea / Carlo Ludovico Ragghianti. - Firenze : Vallecchi, 1968.

Bibliografia generale: Lotte politiche negli anni Sessanta e Settanta

- 1977, Bologna. Fatti nostri. - Verona : Bertani, 1977.
- '68 : vent'anni dopo / Massimo Ghirelli. - Roma : Editori Riuniti, 1988.
- Alcune osservazioni sui fatti di piazza Statuto / Goffredo Fofi ; in: Cronache dei Quaderni Rossi, n. 1, settembre 1962.
- Alice è il diavolo. - Milano : Edizioni L'Erba Voglio, 1976.
- Alle porte del 1969, l'autunno degli operai. - suppl. a Il Manifesto, 1989.
- Alto là chi va là / a cura di G. Orsini e P. Ortoleva. - Roma : Coop. Giornalisti Lotta Continua, 1977.
- Apparati di stato e "transizione" / Romano Canosa ; in: Quaderni Piacentini, n. 69, Piacenza 1978.

- Appunti per un bilancio delle recenti manifestazioni di piazza / Grazia Cherchi, Alberto Bellocchio ; in: Quaderni Piacentini, n. 6, dicembre 1962.
- Autonomia operaia / a cura di Lucio Castellano. - Roma : Savelli, 1980.
- Autoritratto di gruppo / L. Passerini. - Firenze : 1988.
- Avanguardia di massa / Maurizio Calvesi. - Milano : Feltrinelli, 1977.
- Bosio oggi: rilettura di una esperienza / a cura di Cesare Bermani. - Mantova : Istituto Ernesto De Martino, 1986.
- Brigate Rosse, che cosa hanno fatto, che cosa hanno detto, che cosa se ne è detto / a cura di Soccorso Rosso. - Milano : Feltrinelli, 1976.
- Cenni sulla formazione della nostra corrente, in: Maelstrom, marzo 1984. - Milano : Varani.
- Conflitti in europa : lotte di classe, sindacati e Stato dopo il '68 / a cura di C. Crouch, A. Pizzorno. - Milano : Etas Libri, 1977.
- Contro l'Università / Guido Viale ; in: «Quaderni Piacentini», n. 33, 1968. - [Poi anche in: Quaderni Piacentini : antologia 1962-1968 / a cura di L. Baranelli e M.G. Cherchi. - Milano : 1977]
- Crisi delle politiche e politiche nella crisi. - Napoli : Libreria l'Ateneo, 1981.
- Crisi e organizzazione operaia. - Milano : Feltrinelli, 1974.
- Critica della ragione dialettica / Jean-Paul Sartre. - Milano : Il Saggiatore.
- Cronaca politica / Giampiero Mughini ; in: «Cultura e ideologia della nuova sinistra». - Milano : Comunità, 1973.
- Da sfruttati a produttori / Bruno Trentin. - Bari : De Donato, 1978.
- Dal movimento ai gruppi. - suppl. a Il Manifesto, 1986.
- Dalla canzone popolare alla drammaturgia popolare e operaia / Gianni Bosio, in «Il nuovo Canzoniere italiano», II serie, novembre-dicembre 1970. - Milano : 1970.

- Dalla parte delle bambine / Elena Gianini-Belotti. - Milano : Feltrinelli, 1973.
- Dall'operaio massa all'operaio sociale / Toni Negri. - Milano : Multhipla, 1979.
- Democrazia autoritaria e capitalismo maturo. Milano : Feltrinelli, 1978.
- Democrazia e disordine : movimenti di protesta e politica in Italia, 1965-1975 / S. Tarrow. - Roma, Bari : Laterza, 1990.
- Dieci interventi sulla storia sociale. - Torino : Rosenberg & Sellier, 1981.
- Discussione aperta / Gianni Bosio, Roberto Leydi ; in: Il nuovo Canzoniere italiano, I serie, febbraio 1965, n. 5.
- E a Milano nel '67 scoppiò il sessantotto / G. Mariotti ; in: Corriere della sera, 15 novembre 1997.
- Formidabili quegli anni / Mario Capanna. - Milano : Rizzoli, 1988.
- Grundrisse / Karl Marx. - Firenze : La Nuova Italia, 1957.
- I comitati unitari di base: origini, sviluppi, prospettive. In: «I quaderni di Avanguardia operaia». - Milano : Sapere edizioni, 1970.
- I dieci anni che sconvolsero il mondo. - Roma : Arcana, 1978.
- I fiori di Gutenberg. - Roma : Arcana, 1970.
- I giovani non sono piante / Aldo Ricci. - Milano : Sugar, 1978.
- I persuasori occulti / Vance Packard. - Torino : Einaudi, 1958.
- Il '68 : come eravamo. - Roma, Bari : Laterza, 1978.
- Il dissenso e l'autorità / Franco Fortini ; in: Quaderni Piacentini, n. 34, 1968.
- Il malaffare / Roberto Faenza. - Milano : Mondadori, 1978.
- Il movimento studentesco e le sue lotte / Carlo Oliva, Alberto Rendi. - Milano : Feltrinelli, 1969.
- Il pre '68 / Sergio Dalmasso, in: «Notiziario CDP», n. 155, gennaio-febbraio 1998, anno XXIX.
- Il secondo sesso / Simone de Beauvoir. - Il Saggiatore, 1961.
- La crisi della democrazia. - Milano : Franco Angeli, 1977.

- La guerra di guerriglia / Ernesto Che Guevara. - Milano : Feltrinelli, 1967.
- La maggioranza deviante / Franco Basaglia, Franca Basaglia Ongaro. - Torino : Einaudi, 1971.
- La maniera forte / Domenico Tarantini. - Verona : Bertani, 1975.
- La monarchia di luglio del capitalismo italiano / Vittorio Foa ; in: Mondo nuovo, n. 29, 1962.
- La rivolta di piazza Statuto. Torino, luglio 1962 / Dario Lanzardo. - Milano : Feltrinelli, 1979.
- La tribù delle talpe / Sergio Bologna. - Milano : Feltrinelli, 1978.
- La zecca e il garbuglio / Giuliano Spazzali. - Milano : Machina Libri, 1981.
- L'affare Feltrinelli. - Milano : Stampa club, 1972.
- L'assalto al cielo / Massimo Pini. - Milano : Longanesi, 1989.
- Le due società / Alberto Asor Rosa. - Torino : Einaudi, 1977.
- Le lotte nell'Università. L'esempio di Torino / Luigi Bobbio ; in: Quaderni Piacentini, n. 30, 1967.
- L'economia italiana 1945-1970 / a cura di A. Graziani. - Bologna : Il Mulino, 1979.
- L'eroe che pensa : disavventure dell'impegno / Alfonso Berardinelli. - Torino : Einaudi, 1997.
- Lettera a una professoressa / Scuola di Barbiana [don Lorenzo Milani]. - Firenze : Libreria editrice fiorentina, 1966.
- L'evasione impossibile / Sante Notarnicola. - Milano : Feltrinelli.
- L'infamia originaria / Lea Melandri. - Milano : Edizioni L'Erba Voglio, 1977.
- L'intellettuale rovesciato. Interventi e ricerche sulla emergenza d'interesse verso le forme di espressione e di organizzazione "spontanee" nel mondo popolare e proletario (gennaio 1963-agosto 1971) / Gianni Bosio. - Milano : Edizioni Bella Ciao, 1975.

- L'Italia contemporanea 1945-1975 / a cura di V. Castronovo. - Torino : Einaudi, 1976.
- L'obbedienza non è più una virtù / don Milani. - Firenze : Libreria editrice fiorentina, 1967.
- L'occupazione dell'hotel Commercio / Giuseppe Natale ; in: Quaderni Piacentini, n. 37, 1969.
- L'orda d'oro : la grande ondata rivoluzionaria e creativa, politica ed esistenziale / Nanni Balestrini, Primo Moroni; cura di Sergio Bianchi; hanno collaborato Franco Berardi (Bifo), Franca Chiaromonte, Giairo Daghini, Letizia Paolozzi. - Milano : Feltrinelli, 1997.
- Lotta di classe a Milano: operai, studenti, impiegati, in: Quaderni Piacentini, n. 38, 1969.
- Lotte operaie nello sviluppo capitalistico / Renato Panzieri ; a cura di Sandro Mancini. - Torino : Einaudi, 1976.
- Mai più senza fucile / Alessandro Silj. - Firenze : Vallecchi, 1976.
- Militanti politici di base / Danilo Montaldi. - Torino : Einaudi, 1971
- Non contate su di noi / Andrea Valcarenghi. - Roma : Arcana, 1977.
- Non parlarmi degli archi, parlami delle tue galere / Franca Rame. - Milano : FR edizioni, 1984.
- Note sulla Rivoluzione culturale cinese / Edoarda Masi ; in: Quaderni piacentini, n. 30, 1967.
- Pater, ave e storia / Claudio Rinaldi ; in: Panorama, 22 novembre 1987.
- Perché la rivolta degli studenti / Ruggero Zangrandi. - Milano : Feltrinelli, 1968.
- Perché tutto il mondo insieme? / Alberto Asor Rosa. - suppl. a L'Espresso, n. 3, 1988.
- Primo maggio oltre il movimento / Sergio Bologna, in Primo Maggio, n. 13, Milano 1979.
- Ragione e rivoluzione / Herbert Marcuse. - Bologna : Il Mulino, 1966.

- Ristrutturazione capitalistica, proletarizzazione e riforma della scuola, in: Linea di massa, n. 3, Roma 1969.
- Rivolta femminile. - Roma : Scritti di Rivolta Femminile, 1970.
- Se cede la legge / Norberto Bobbio, in La Stampa, 17 luglio 1977.
- Sette anni di desiderio / Umberto Eco. - Milano : Bompiani, 1983.
- Speculum / Luce Irigaray. - Milano : Feltrinelli, 1975.
- Storia del Movimento studentesco e dei marxisti-leninisti in Italia / Walter Tobagi. - Milano : Sugar, 1970.
- Storia d'Italia dal dopoguerra ad oggi / Paul Ginsborg. - Torino : Einaudi scuola, 1996.
- Storia e coscienza di classe / Gyorgy Lukacs. - Milano : Sugar, 1967.
- Studenti e composizione di classe / a cura di Roberta Tomassini. - Milano : Edizioni Aut Aut, 1977.
- Tesi sul rapporto generale di intellighentzia scientifica e coscienza di classe proletaria / Hans Jurgen Krahl ; in: Quaderni Piacentini, n. 43, 1971.
- Underground / Walter Hollstein. - Firenze : Sansoni, 1975.
- Underground a pugno chiuso! / Andrea Valcarenghi. - Roma : Arcana, 1973.
- Università Cattolica. - Milano : Sapere edizioni, 1968.
- Vivere insieme : il libro delle comuni. - Roma : Arcana, 1975.
- Vogliamo tutto / Nanni Balestrini. - Milano : Feltrinelli, 1973.

Bibliografia generale: Università nel Mezzogiorno e in Sicilia

- Alcune impressioni e osservazioni sulle Università siciliane / Lucio Lombardo-Radice, Alberto Monroy ; in: Il ponte, a. 15 (1959), n. 5, p. 677.

- I problemi della scuola / Salvatore Onufrio ; in: Il Ponte, a. 15 (1959), n. 5, p. 686.

- Il Mezzogiorno e l'università / Mario Gianturco ; in: Nuova Antologia, a. 98, vol. 489, settembre-dicembre 1963. - Roma, 1963.

- Mezzogiorno : realtà sociale ed università / Franco Catalano, Ermanno Rea. - Milano : Bompiani, 1974.

- Scuola e sistema mafioso / Maria Attanasio ; prefazione di Sebastiano Addamo. - Catania : Tringale, 1983.

- Università e sviluppo economico / Francesco Parrillo ; Università di Messina, Facoltà di Economia e commercio, Istituto di scienze economiche. - Milano : Giuffrè, 1965.

Bibliografia generale: Situazione politica ed economica in Sicilia alla fine degli anni Sessanta

- Aspetti e problemi del sud / Ugo Piscopo, Giovanni D'Elia. - Napoli : Ferraro, 1977.

- Cinque anni di omicidi in Sicilia : 1967-1971 : indagine sociologica / Fausto Galatino. - Palermo : Ila Palma, 1975.

- Della corruzione : fisiologia e patologia di un sistema politico / Franco Cazzola. - Bologna : Il Mulino, 1988.

- Elites e potere in Sicilia : dal medioevo ad oggi / a cura di Francesco Benigno e Claudio Torrisi. - Catanzaro : Meridiana libri, 1995.

- I fatti di Avola / Sebastiano Burgaretta ; nota introduttiva di Giuseppe Giarrizzo. - Avola : Libreria F. Urso, 1981.

- I nuovi insediamenti industriali / Salvatore La Francesca ; in: Storia della Sicilia / diretta da Rosario Romeo. – Società editrice storia di Napoli, del Mezzogiorno continentale e della Sicilia, 1977. - vol. IX, p. 39-63.

- Il lavoro e la lotta : operai e contadini nella Sicilia degli anni '40 e '50 / testo e fotografie di Franco Pezzino ; prefazione di Francesco Renda. - Catania : Cuecm, 1987.

- Il Mezzogiorno tra due legislature / Francesco Compagna. - Milano : Il saggiatore, 1968.

- Il movimento contadino in Sicilia e la fine del blocco agrario nel Mezzogiorno / F. Renda. - Bari : Laterza, 1976.

- L'economia della provincia di Siracusa : centenario della Camera di commercio industria e agricoltura si Siracusa. - Caltanissetta Roma : Salvatore Sciascia, 1963.

- Mafia e potere politico : relazione di minoranza e proposte unitarie della commissione parlamentare d'inchiesta sulla mafia / prefazione di Pio La Torre. - Roma : Editori Riuniti, 1976. - (Ventesimo secolo ; 50).

- Notizie sulla congiuntura economica siciliana. Consuntivo 1966. (anno I, n.2) / Cassa di Risparmio V.E. per le Province Siciliane, a cura dell'Ufficio Studi. - Palermo : 1967.

- Problemi dell'economia siciliana / a cura di P. Sylos Labini. - Milano : Feltrinelli, 1966.

- Relazione conclusiva / a cura della Commissione Parlamentare d'inchiesta sul fenomeno della mafia in Sicilia. - Roma : Tipografia del senato, 1976. - [In anni seguenti sono stati pubblicati: Documentazione allegata alla relazione conclusiva]

- Sicilia in Italia : per la storia culturale e sociale della Sicilia nell'Italia unita / Giuseppe Galasso. - Catania : edizioni del Prisma, 1994.

- Sicilia oggi (1950-1986) / Giuseppe Giarrizzo ; in: La Sicilia / a cura di Maurice Aymard e Giuseppe Giarrizzo. - Torino : Einaudi, 1987. - (Storia d'Italia : Le Regioni dall'Unità ad oggi).

- Storia d'Italia : dal dopoguerra ad oggi / Paul Ginsborg. – Torino : Einaudi, 1989. [Abbiamo utilizzato l'edizione Einaudi Scuola, 1996].

- Testo integrale della Relazione della Commissione Parlamentare d'inchiesta sul fenomeno della mafia / a cura di Alfonso Madeo ; con le testimonianze dell'on. Francesco

Cattanei, dell'on. Libero della Briotta e dell'on. Pio La Torre. - Roma : Cooperativa Scrittori, 1973. - 3 volumi.

Bibliografia: Aspetti e temi particolari

<u>*Sul movimento cattolico del dissenso:*</u>

- *Una rivista catanese degli anni Sessanta* : «Incidenza» / Gisella Padovani, in «Archivio storico per la Sicilia Orientale», anno 84, 1988, p. 71.
- *Isolotto 1954-1969* / Comunità dell'Isolotto. - Bari : Laterza, 1969.
- *Isolotto sotto processo* / a cura della Comunità dell'Isolotto. - Bari : Laterza, 1971.
- *Il dissenso cattolico in Italia : 1965-1980* / Mario Cuminetti. - Milano : Rizzoli, 1983.
- *Contro la Chiesa di classe* / a cura di Marco Boato. - Padova : Marsilio, 1969.
- *'68, che passione! : il movimento studentesco a Catania* / Salvatore Distefano ; prefazione di Nino Recupero, interventi di Carlo Muscetta e Massimo Gaglio. - Catania : Cooperativa Universitaria Editrice Catanese di Magistero, 1988. - [Parti relative al dissenso cattolico a Catania nel periodo del Sessantotto].
- *Ricerca : quindicinale di Azione Fucina,* anni 1967-1973.
- *Cristiani per il socialismo* / Gigi Accattoli, in: «Ricerca», anno XXIX, n. 19, 15 ottobre 1973, p. 13.
- *Cultura e politica nelle riviste bolognesi (1965-1969)* / Carmelo Adagio, in: *Tra immaginazione e programmazione : Bologna di fronte al '68 : Materiali per una storia del '68 a Bologna* / Carmelo Adagio, Fabrizio Billi, Andrea Rapini, Simona Urso. - Milano : Punto rosso, 1998. - pp. 140-195. In particolare sulla rivista cattolica «Collegamenti», da p. 177 ("L'esperienza dei gruppi spontanei e la radicalizzazione politica del dissenso cattolico in Collegamenti").

- *Il lungo autunno : Controstoria del sessantotto cattolico* / R. Beretta. - Milano : Rizzoli, 1998.

Sul femminismo:

- Femminismo e lotta di classe in Italia (1970-1973) / a cura di Biancamaria Frabotta. - Roma : Savelli, 1973.
- *I movimenti femministi in Italia* / Rosalba Spagnoletti. - Roma : Samonà e Savelli, Roma, 1971.
- "Memoria", rivista di storia delle donne, n. 19-20 (1-2, 1987). - Torino : Rosenberg & Sellier, 1987. [dedicato a "Il movimento femminista negli anni '70"].
- *La politica del femminismo* / a cura di Biancamaria Frabotta. Roma : Savelli, 1977.
- I lumi e il cerchio / Emma Baeri. - Roma : Editori Riuniti, 1992.
- Riguardarsi : Manifesti del Movimento politico delle donne in Italia / a cura di emma Baeri e Annarita Buttafuoco ; Fondazione Elvira Badaracco. - Milano : Protagon. Siena : Editori Toscani, 1997.
- *Sputiamo su Hegel. La donna clitoridea e la donna vaginale* / Carla Lonzi. - Milano : Scritti di rivolta femminile, 1974 ; ristampa.
- *L'infamia originaria* / Lea Melandri. - Milano : Edizioni Erba Voglio, 1977.
- *Lessico politico delle donne. Teorie del femminismo* / a cura di Manuela Fraire. - Milano : Gulliver, 1979.
- *Produrre e riprodurre.* - Roma : Cooperativa editrice Il Manifesto, 1984.
- Udi. Laboratorio di politica delle donne / Maria Michetti, Margherita Repetto, Luciana Viviani. - Roma : Cooperativa Libera Stampa, 1985.

- *Non credere di avere dei diritti. La generazione della libertà femminile nell'idea e nelle vicende di un gruppo di donne* / Libreria delle donne di Milano. - Torino : Rosenberg & Sellier, 1987.

- *Esperienza storica femminile nell'età moderna e contemporanea. Parte seconda* / a cura di Anna Maria Crispino. - Roma : Udi - La goccia, 1989.

- *Discutendo di storia. Soggettività, ricerca, biografia* / Società italiana delle Storiche. - Torino, Rosenberg & Sellier, 1990.

- *L'io in rivolta* / Maria Luisa Boccia. - Milano : La Tartaruga, 1990.

- Viaggio nell'isola / Letizia Paolozzi.

- *La cultura e i luoghi del '68* / a cura di Aldo Agosti, Luisa Passerini, Nicola Tranfaglia, Dipartimento di storia dell'Università di Torino. - Torino : Franco Angeli, 1991. In particolare: *Il movimento delle donne* / di Luisa Passerini

- *La ricerca delle donne- studi femministi in Italia* / a cura di Maria Cristina Marcuzzo e Anna Rossi-Doria. In particolare: *Storia orale: dalla denuncia dell'esclusione all'interpretazione della soggettività* / di Luisa Passerini; *Storie di vita e forme narrative della soggettività* / di Laura Derossi; *Femminismo e storia orale* / di Roberta Fossati.

- *Nelle maglie della politica : Femminismo, istituzioni e politiche sociali nell'Italia degli anni '70* / di Yasmine Ergas ; Griff : Gruppo di ricerca sulla famiglia e condizione femminile. - Torino : Franco Angeli, 1986.

- *Storie di donne e femministe* / Luisa Passerini. - Torino : Rosenberg & Sellier, 1991.

<u>Sulle lotte bracciantili:</u>

- *Sviluppo capitalistico e lotte bracciantili nell'agricoltura siciliana* / Sergio Giani, Antonio Leonardi, in: «Giovane critica», n. 19, inverno 1968-1969.

- *I fatti di Avola* / Sebastiano Burgaretta ; nota introduttiva di Giuseppe Giarrizzo. - Avola : Libreria F. Urso, 1981.

- *I fasci siciliani : 1892-94* / Francesco Renda. - Torino : Einaudi, 1977.

- *Analisi critica del censimento agrario. Processo di sviluppo dell'agricoltura siciliana, sue contraddizioni e prospettive* / a cura del Centro Studi G. Di Vittorio di Siracusa. - Siracusa : febbraio 1967.

- *La regione in guerra (1943-50)* / Rosario Mangiameli, in: *Storia d'Italia : Le regioni dall'Unità a oggi : La Sicilia* / a cura di Maurice Aymard e Giuseppe Giarrizzo. - Torino : Einaudi, 1987. - [Relativamente alla situazione agraria fino agli anni Cinquanta].

- *Agricoltura ricca nel sottosviluppo : storia e mito della Sicilia agrumaria (1860-1950)* / Salvatore Lupo, in: «Archivio storico per la Sicilia orientale», anno 79, n. 1-2, 1983.

<u>Su Lentini:</u>

- *L'archivio Beneventano in Lentini* / Giuseppe Astuto, Rosario Mangiameli, in: «Archivio storico per la Sicilia orientale», anno 74, 1978, p. 761.

- *La strada della stazione* / Enzo Caruso, in: «Giro di Vite», n. 45, agosto 1998, p.1.

- *I fatti di Lentini del 13 dicembre 1966 : Lentini, Agrigento e la crisi del centro-sinistra : Discorsi pronunciati alla Camera dei Deputati nella seduta del 9 gennaio 1967* / E. Macaluso, V. Failla, S. Di Lorenzo. - [Roma] : Carlo Colombo, [1967].

Sigle usate

Per i testi di carattere generale o che hanno citazione ristretta, si dà conto nelle note relative. Per i testi da noi citati in maniera più massiccia e soprattutto con particolare riferimento agli ambiti geografici e storici interessati dalla ricerca, abbiamo utilizzato i riferimenti tramite sigle. Diamo elenco delle sigle bibliografiche utilizzate.

Sigla	Testo
Attanasio83	Scuola e sistema mafioso / Maria Attanasio ; prefazione di Sebastiano Addamo. - Catania : Tringale, 1983.
Baeri92	I lumi e il cerchio : una esercitazione di storia / Emma Baeri. – Roma : Editori Riuniti, 1992. – (Gli studi. Storia).
Caciagli77	Democrazia cristiana e potere nel Mezzogiorno : Il sistema democristiano a Catania / Mario Caciagli ; in collaborazione con Antonino Anastasi, Renato D'Amico, M. Rosaria Gentile, Neri Gori, Liborio Mattina, Enzo Nocifora. - Rimini, Firenze : Guaraldi, 1977. - (La società politica ; 2).
Capanna88	Formidabili quegli anni / Mario Capanna. - Milano : Rizzoli, 1988.
CMPDU98	Le mani sull'Università . borghesi mafiosi e massoni nell'ateneo messinese / Comitato Messinese per la Pace e il Disarmo Unilaterale ; prefazione di Francesco Forgine e Giuseppe Restifo ; foto di Enrico Di Giacomo. - Messina : Armando Siciliano, 1998.
Dalmasso97	La parabola di Giovane Critica / di Sergio Dalmasso, in Per il Sessantotto, n. 13, 1997, pp. 24-31.
DS88	'68, che passione! : il movimento studentesco a

	Catania / Salvatore Distefano ; prefazione di Nino Recupero, interventi di Carlo Muscetta e Massimo Gaglio. - Catania : Cooperativa Universitaria Editrice Catanese di Magistero, 1988.
Giar86	Catania / Giuseppe Giarrizzo. - Bari : Laterza, 1986. - (Storia e società).
Giar87	Sicilia oggi (1950-1986) / Giuseppe Giarrizzo, in: La Sicilia / a cura di Maurice Aymard e Giuseppe Giarrizzo. - Torino : Einaudi, 1987. - (Storia d'Italia : Le Regioni dall'Unità ad oggi).
Ginsborg96	Storia d'Italia : dal dopoguerra ad oggi / Paul Ginsborg. – Torino : Einaudi, 1989. Abbiamo utilizzato l'edizione Einaudi Scuola, 1996.
Lafran77	I nuovi insediamenti industriali / Salvatore La Francesca, in: Storia della Sicilia / diretta da Rosario Romeo. – Società editrice storia di Napoli, del Mezzogiorno continentale e della Sicilia, 1977. - vol. IX, p. 39-63
LombRad59	Alcune impressioni e osservazioni sulle Università siciliane / Lucio Lombardo-radice, Alberto Monroy ; in: Il ponte, a. 15 (1959), n. 5, p. 677.
Luperini74	Marxismo ed intellettuali / Romano Luperini. – Marsilio, 1974.
Mafia76	Mafia e potere politico : relazione di minoranza e proposte unitarie della commissione parlamentare d'inchiesta sulla mafia / prefazione di Pio La Torre. - Roma : Editori Riuniti, 1976. - (Ventesimo secolo ; 50).
Merode88	Catania nella vita democratica : (1946-1975) : tomo III / Giovanni Merode, Vincenzo Pavone. – Catania : Greco, 1988.
Muscetta92	L'erranza : memorie in forma di lettere / Carlo Muscetta. - Valverde : Il Girasole, 1992. - (Dioniso).
Onufrio59	I problemi della scuola / Salvatore Onufrio ; in: Il Ponte, a. 15 (1959), n. 5, p. 686.
Pirker67	L'ordinamento didattico universitario : lauree e

	diplomi universitari che si conseguono in Italia / Paola Pirker. - Roma : Edizioni dell'Ateneo, 1967.
Quaderno71	Quaderno dell'Istituto di disegno, n. 3. - Catania : Istituto di disegno, 1971.
Relazione73	Testo integrale della Relazione della Commissione Parlamentare d'inchiesta sul fenomeno della mafia / a cura di Alfonso Madeo ; con le testimonianze dell'on. Francesco Cattanei, dell'on. Libero della Briotta e dell'on. Pio La Torre. - Roma : Cooperativa Scrittori, 1973. - 3 volumi.
Renda76	Il movimento contadino in Sicilia e la fine del blocco agrario nel Mezzogiorno / F. Renda. - Bari : Laterza, 1976.
Santino92	Il '68 a Palermo, ovvero Palermo nel '68, in: L'ingranaggio inceppato : il '68 della periferia / a cura di Franco Riccio e Salvo Vaccaro. - Palermo : Ila Palma, 1992.
Sylos66	Problemi dell'economia siciliana / a cura di P. Sylos Labini. - Milano : Feltrinelli, 1966.
Urbani66	Politica e universitari : elezioni studentesche e orientamenti politico-culturali degli universitari italiani dal 1946 al 1965 / Giuliano Urbani. - Firenze : Sansoni, 1966. - (Centro di ricerca e documentazione Luigi Einaudi).

Indice generale

Nota 7

Il caso Lentini..9
    INTRODUZIONE 9
    SITUAZIONE ECONOMICA E SOCIALE...11
    IL MOVIMENTO BRACCIANTILE..15
    I FERMENTI CATTOLICI...22
        L'associazione Il Ponte..*23*
        La Fuci di Lentini..*24*
    I FERMENTI NELLA SINISTRA..42
        La formazione al Liceo...*43*
        L'Università tra Catania e Lentini..*46*
        I gruppi della Nuova Sinistra a Lentini.................................*48*
    CONCLUSIONI...51
    RINGRAZIAMENTI..53

Appendice...**54**
    INTRODUZIONE A "I SESSANTOTTO IN SICILIA"...........................54
    QUATTRO CASI PER QUATTRO CITTÀ..58

La Sicilia negli anni Sessanta..**60**
    L'ECONOMIA..60
    IL POTERE DELLE ESATTORIE...68
    LA MAFIA...69
    IL SINDACATO..73
    L'EMIGRAZIONE..74
    LA MAGISTRATURA...74
    CENTRI CULTURALI E TRASMISSIONE DELLA CULTURA IN SICILIA..75

La chiesa cattolica..75
La cultura laica..76
L'Università e la scuola..77
   Gli organismi di rappresentanza studentesca prima del Sessantotto.....82
   La scuola e l'emancipazione femminile..83
Conclusioni..83

Bibliografia..89

Bibliografia generale: Università, riforma, stato del sistema scolastico alla fine degli anni Sessanta...............89

Bibliografia generale: Lotte politiche negli anni Sessanta e Settanta...91

Bibliografia generale: Università nel Mezzogiorno e in Sicilia...96

Bibliografia generale: Situazione politica ed economica in Sicilia alla fine degli anni Sessanta 97

Bibliografia: Aspetti e temi particolari..........................99

Sigle usate..103

Indice generale..107

Nota editoriale..109

Questo Libro..109
L'autore...109
I nostri libri..110

Nota editoriale

Questo Libro

Il Sessantotto non è avvenuto solo a Roma o nel Nord Italia. C'è stato un Sessantotto anche nel Sud, e in Sicilia. Qual è stato l'apporto e quali sono state le caratteristiche del Sessantotto delle periferie? E quale "periferia", quale "centro"? Come ha funzionato l'incontro / scontro tra modernità e resistenze locali? **Il Sessantotto dei giovani leoni** indaga alcune vicende all'interno di Lentini, città agrumaria tra Siracusa e Catania, in cui lo scontro generazionale è il palcoscenico di una crisi sociale ed economica strutturale.

L'autore

Sergio Failla è nato a Roma nel 1962, si è occupato di storia, informatica e letteratura. E' stato tra i fondatori del collettivo Girodivite. Lavora presso un ISP siciliano, come sviluppatore e progettista di siti web. Ha pubblicato per ZeroBook: *I ragazzi sono in Giro* (2006), *I ragni di Praha* (2006), *L'isola che naviga: storia del web in Sicilia* (2007), le raccolte di poesie: Fragma 1978-1983 (nuova edizione ZeroBook 2016), *Stanze d'uomini e sole : poesie 1986-1996* (2015), *La mancanza dei frigoriferi: poesie 1996-1997* (2015). Ha curato l'edizione 2015 de *Il cronoWeb*, cronologia della storia del Web dalle origini al 2015. Assieme a Pina La Villa ha pubblicato *I Sessantotto di Sicilia* (ZeroBook, 2016).

I nostri libri

Le edizioni ZeroBook nascono nel 2003 a fianco delle attività di www.girodivite.it. Il claim è: "un'altra editoria è possibile". ZeroBook è una piccola casa editrice attiva soprattutto (ma non solo) nel campo dell'editoriale digitale e nella libera circolazione dei saperi e delle conoscenze.

Quanti sono interessati, possono contattarci via email: zerobook@girodivite.it

O visitare le pagine su: http://www.girodivite.it/-ZeroBook-.html

Ultimi volumi:

Accanto ad un bicchiere di vino : antologia della poesia da Li Po a Rino Gaetano / a cura di Piero Buscemi (ISBN 978-88-6711-107-7, 978-88-6711-108-4)

Il cronoWeb / a cura di Sergio Failla (ISBN 978-88-6711-097-1)

Col volto reclinato sulla sinistra / di Orazio Leotta (ISBN 978-88-6711-023-0)

L'isola dei cani / di Piero Buscemi (ISBN 978-88-6711-037-7)

Saggistica:

I Sessantotto di Sicilia / Pina La Villa, Sergio Failla (ISBN 978-88-6711-067-4)

Antenati: per una storia delle letterature europee: volume primo: dalle origini al Trecento / di Sandro Letta (ISBN 978-88-6711-101-5)

Antenati: per una storia delle letterature europee: volume secondo: dal Quattrocento all'Ottocento / di Sandro Letta (ISBN 978-88-6711-103-9)

Antenati: per una storia delle letterature europee: volume terzo: dal Novecento al Ventunesimo secolo / di Sandro Letta (ISBN 978-88-6711-105-3)

Il cronoWeb 2015 / a cura di Sergio Failla (ISBN 978-88-6711-097-1)

Il prima e il Mentre del Web / di Victor Kusak (ISBN 978-88-6711-098-8)

Col volto reclinato sulla sinistra / di Orazio Leotta (ISBN 978-88-6711-023-0)

Il torto del recensore / di Victor Kusak (ISBN 978-6711-051-3)

Elle come leggere / di Pina La Villa (ISBN 978-88-6711-029-2

Segnali di fumo / di Pina La Villa (ISBN 978-88-6711-035-3)

Musica rebelde / di Victor Kusak (ISBN 978-88-6711-025-4)

Il design negli anni Sessanta / di Barbara Failla

Maledetti toscani / di Sandro Letta (ISBN 978-88-6711-053-7)

Socrate al caffè / di Pina La Villa (ISBN 978-88-6711-027-8)

Le tre persone di Pier Vittorio Tondelli / di Alessandra L. Ximenes (ISBN 978-88-6711-047-6)

Del mondo come presenza / di Maria Carla Cunsolo (ISBN 978-88-6711-017-9)

Stanislavskij: il sistema della verità e della menzogna / di Barbara Failla (ISBN 978-88-6711-021-6)

Quando informazione è partecipazione? / di Lorenzo Misuraca (ISBN 978-88-6711-041-4)

L'isola che naviga: per una storia del web in Sicilia / di Sergio Failla

Lo snodo della rete / di Tano Rizza (ISBN 978-88-6711-033-9)

Comunicazioni sonore / di Tano Rizza (ISBN 978-88-6711-013-1)

Radio Alice, Bologna 1977 / di Lorenzo Misuraca (ISBN 978-88-6711-043-8)

L'intelligenza collettiva di Pierre Lévy / di Tano Rizza (ISBN 978-88-6711-031-5)

I ragazzi sono in giro / a cura di Sergio Failla (ISBN 978-88-6711-011-7)

Proverbi siciliani / a cura di Fabio Pulvirenti (ISBN 978-88-6711-015-5)

Narrativa:

L'isola dei cani / di Piero Buscemi (ISBN 978-88-6711-037-7)

L'anno delle tredici lune / di Sandro Letta (ISBN 978-88-6711-019-3)

Poesia:

Il libro dei piccoli rifiuti molesti / di Victor Kusak (ISBN 978-88-6711-063-6)

L'isola ed altre catastrofi (2000-2010) di Sandro Letta (ISBN 978-88-6711-059-9)

La mancanza dei frigoriferi (1996-1997) / di Sergio Failla (ISBN 978-88-6711-057-5)

Stanze d'uomini e sole (1986-1996) / di Sergio Failla (ISBN 978-88-6711-039-1)

Fragma (1978-1983) / di Sergio Failla (ISBN 978-88-6711-093-3)

Libri fotografici:

I ragni di Praha / di Sergio Failla (ISBN 978-88-6711-049-0)

Transiti / di Vicotr Kusak (ISBN 978-88-6711-055-1)

Dirty Eyes / di Victor Kusak (ISBN 978-88-6711-065-0)

Ventimetri / di Victor Kusak (ISBN 978-88-6711-095-7)

Cataloghi:

ZeroBook: catalogo dei libri e delle idee 2016

ZeroBook: catalogo dei libri e delle idee 2015

ZeroBook: catalogo dei libri e delle idee 2012

Catalogo ZeroBook 2007

Catalogo ZeroBook 2006

www.ingramcontent.com/pod-product-compliance
Lightning Source LLC
Chambersburg PA
CBHW051103230426
43667CB00013B/2428